MÉMOIRE

POUR SERVIR A UNE DESCRIPTION

DE L'AGRICULTURE EN FRANCE.

OUVRAGES DU MÊME AUTEUR

QUI SE TROUVENT A LA MÊME LIBRAIRIE.

Manuel d'agriculture, à l'usage des cultivateurs et des écoles primaires du nord de la France ; ouvrage couronné par la Société royale et centrale d'agriculture ; 1 vol. in-12 , 1 fr. et 1 fr. 50 c.

Assolements et culture des plantes de l'Alsace, par J.-N. Schwerz ; ouvrage traduit de l'allemand et annoté. Traduction couronnée par la Société royale et centrale d'agriculture. Paris, 1839 ; 1 vol. in-8°, fig. 3 fr. et 4 fr. , franc de port.

Traité pratique sur les abeilles, à l'usage des cultivateurs et des écoles primaires. Paris, 1838 ; 1 vol. in-12, 2 fr. et 2 fr. 35 c.
  Adopté par le conseil royal de l'instruction publique.

Zoologie appliquée à l'agriculture. 2 vol. in-12.

La Providence révélée par ses moindres ouvrages, ou Tableau des mœurs des insectes ; 1 vol. in-12.
  Adopté par le conseil royal de l'instruction publique.

IMPRIMERIE BOUCHARD-HUZARD, 7, RUE DE L'ÉPERON.

AGRICULTURE

DU DÉPARTEMENT

DU NORD

PAR V^{OR} RENDU,

Avocat à la Cour royale de Paris, ancien élève de l'Institut agricole
du Mesnil-Saint-Firmin, correspondant de la Société royale
et centrale d'agriculture, etc., etc.

PARIS,

LIBRAIRIE BOUCHARD-HUZARD,
7, RUE DE L'ÉPERON.

—

1841.

A

Monsieur MARTIN,

Député du Nord.

Monsieur,

Votre dernier acte, comme ministre de l'agriculture, fut un bienfait auquel tous les cultivateurs ont applaudi. Vous avez créé des missions dans le but de connaître notre agriculture et d'instruire les départements où cet art est moins avancé, par l'exemple de ceux chez lesquels il est porté à une plus grande perfection. Chargé, par vous, d'étudier le département du Nord, cette grande ferme-modèle de la France, je vous devais l'hommage de mon travail. Votre nom, placé en tête de ce mémoire, rappellera aux amis de l'agriculture les améliorations qui ont signalé votre administration éclairée; il est pour moi, Monsieur, une nouvelle preuve de la bienveillance dont vous daignez m'honorer : mon cœur en garde une profonde reconnaissance.

Je suis, avec respect,

Monsieur,

Votre très-obéissant et très-dévoué serviteur,

V^{or} Rendu.

PRÉFACE.

Trois mois d'exploration dans le département du Nord, depuis juin jusqu'en septembre, m'ont permis d'étudier avec soin son agriculture.

Initié à la pratique de cet art si longtemps négligé en France, j'ai suivi le cultivateur dans sa ferme, au milieu des champs, parmi ses travaux du printemps et de la moisson, et jusque sous son toit hospitalier; sa conversation a complété ce que mes yeux ne pouvaient interroger.

On trouvera peu de théorie et de critique dans cet ouvrage. Le but unique de l'auteur a été de décrire les procédés employés dans les divers arrondissements du département, convaincu que, de nos jours, la science agricole a plus à gagner à la connaissance exacte des faits qu'à la discussion de principes dont l'application varie suivant les exigences particulières de chaque localité.

Grâce au concours empressé des proprié-

taires et des cultivateurs, les renseignements
ne m'ont pas fait défaut; leurs noms cités dans
mon livre sont la garantie de ce que je rapporte. Toutefois, malgré les lumières dont
ils ont entouré mes recherches et l'approba-
tion dont le Comité consultatif d'agriculture
les a honorées, je ne saurais me dissimuler les
écueils d'une route nouvelle que personne
n'avait encore frayée jusqu'ici; j'espère aussi
que le lecteur m'en tiendra compte. Quoi qu'il
advienne, j'ai la conscience de n'avoir rien
négligé pour remplir dignement la mission
que l'administration m'avait confiée, et je
puis dire avec Montaigne : « Ceci est une
œuvre de bonne foi. »

Paris, le 1er décembre 1840.

AGRICULTURE

DU

DÉPARTEMENT DU NORD.

SITUATION GÉOGRAPHIQUE DU DÉPARTEMENT.

Le département du Nord, ainsi nommé de sa position tout à fait septentrionale par rapport aux autres départements de la France, se trouve situé entre le 49ᵉ et le 51ᵉ degré de latitude; sa superficie comprend 581,424 hectares. Formé de la réunion de l'ancienne Flandre française, d'une partie du Hainaut français et du Cambrésis, sa plus grande longueur s'étend du nord-ouest au sud-est; sa largeur varie beaucoup dans les différents points de sa périphérie. Mesurée dans son plus grand développement, c'est-à-dire depuis Condé, aux portes de la Belgique, jusqu'au village de Gouzeaucourt, à l'entrée du département de la Somme, elle est de 6 myriamètres 2 kilomètres; prise, au contraire, à sa limite la plus étroite, vers Armentières, elle y détermine un col extrêmement resserré. Ses bornes sont, au nord et au nord-ouest, la Belgique et la mer du Nord ; au nord-est la Belgique, à l'ouest et au sud-ouest les départements du **Pas-de-Calais** et de la Somme ; enfin, **au sud**, le département de l'Aisne.

—

SOL.

Le département du Nord est, en général, un pays de plaines, à l'exception de quelques coteaux qui le traversent dans une partie de son étendue, notamment dans l'arrondissement d'Hazebrouck, où ils déterminent une chaîne peu élevée, se dirigeant du sud-ouest au nord-est, et dans les arrondissements de Cambray et d'Avesnes, où le terrain est fortement accidenté en plusieurs endroits ; tout le reste du département offre une surface plane extrêmement favorable à la culture.

Le sol, formé, dans certaines localités, par les alluvions, repose, dans sa plus grande étendue, sur cette roche à la fois sableuse, argileuse et calcaire, contenant une quantité considérable de quartz roulés appelés *tourtia* par les mineurs et qui recouvre immédiatement en stratification discordante le terrain houiller. La couche arable est généralement argilo-sablonneuse; toutefois, chaque arrondissement offre différentes sortes de terres qui, partout où on les rencontre, entraînent des modifications dans le système de culture.

Ainsi, tout le littoral de l'arrondissement de Dunkerque est occupé par des dunes, tantôt mobiles, tantôt fixées à l'aide de plantes à racines traçantes, principalement par le *calamagrostis arenaria*, l'*elymus arenarius* et le *carex arenaria*; une digue artificielle s'étend depuis la ville de Dunkerque jusqu'à Mardick et protège les terres contre les grandes marées. Celles qui avoisinent les dunes participent, plus ou moins, de la nature du sable; ce caractère est surtout prononcé aux environs de Loon et de la Petite-Synthe. En observant attentivement le sous-sol et la couche arable, il est facile de se convaincre que toute cette partie du département fut jadis couverte par les eaux de la mer : le sol, à partir du fort Philippe jusqu'à la Grande-Synthe, offre l'aspect d'une excellente argile marneuse ; les propriétés salines qui le distinguent le rendent très-précieux pour la culture de certaines plantes, notamment pour le sucrion et les pois réputés les meilleurs de tout le département.

Le terroir, désigné sous le nom de *moëres*, jouit de la plus haute fertilité, grâce aux détritus qui s'y sont accumulés depuis des siècles; le sable en forme la base. Par sa position au-dessous du niveau de la mer, il était destiné naturellement à recevoir toutes les eaux du pays, et ne présentait, il y a quelques années encore, qu'un vaste lac; les travaux de desséchement qu'on y a exécutés dans ces derniers temps, ont resserré les eaux dans des canaux étroits qui viennent se décharger dans la mer. Ce sable gras convient spécialement aux récoltes de printemps, notamment au lin et à l'avoine : il est trop léger et trop humide pour les récoltes d'automne.

Du reste, le sol de cet arrondissement se trouve naturellement partagé en deux grandes catégories dont la Colme établit les divisions.

Au sud de ce canal s'étendent, d'une part, les terres à base d'argile jaunâtre, d'une culture facile et perméables aux influences atmosphériques; de l'autre, les terres plus compactes, de couleur rougeâtre, connues sous le nom de terres *clitreuses*, et particulièrement propres à la production du blé. Les communes de cette partie de la Colme offrent souvent le mélange des deux natures de terre ; elles constituent le *pays au bois*, dont la dénomination est empruntée aux nombreuses plantations d'arbres qui le couvrent.

Les terres situées au nord de la Colme constituent le *pays à watteringues*, qui tire son nom des canaux de desséchement ou *watteringues* qu'on y entretient. Le sol se compose d'un sable plus ou moins fertile et d'une terre argileuse blanchâtre qui se bat facilement par la pluie : on y cultive avec succès l'escourgeon, les pois, l'avoine et le sainfoin.

Indépendamment de ces diverses sortes de terre, on trouve encore dans l'arrondissement de Dunkerque, sur les bords de la mer, depuis le chef-lieu jusqu'aux environs de Mardick, un sol d'une nature toute particulière : c'est une argile extrêmement grasse, de 487 à 650 mill. d'épaisseur, produite par le limon de la rivière d'Aa ; la mer la rejette sur le littoral, à mesure qu'elle vient se verser dans son sein, et constitue ainsi le sol rare et précieux connu sous le nom de *relais de mer*, lequel, au dire des cultivateurs, peut se passer d'engrais pendant trente années consécutives, si on lui

applique un assolement judicieux. Cette partie de l'arrondissement est exclusivement affectée aux prairies salines, les seules qu'on rencontre dans le département du Nord.

Le sol de l'arrondissement d'Hazebrouck
offre peu de variétés; c'est une excellente
terre argileuse, propre à toutes les récoltes.
A la descente du coteau sablonneux sur lequel
la ville de Cassel est assise, le terrain change
brusquement; il ne présente plus, aux environs de Noordpeen, qu'une glaise froide,
tenace, qui, dans plusieurs parties, se refuse
à toute production. On avait essayé, il y a
trente ans, de mettre ces terrains en culture,
mais le blé et les fèves qu'on y sema ne rem-
boursèrent pas les frais; aujourd'hui on a
adopté le seul parti à suivre en pareil cas, le
sol est abandonné à lui-même et s'enherbe
naturellement. A droite et à gauche du coteau
qui traverse l'arrondissement du sud au nord,
on rencontre des terres tantôt clitreuses et
de couleur rouge, tantôt argilo-sablonneuses
et présentant à leur surface toutes les propriétés des terres blanches; tantôt, enfin, un
sable plus ou moins mélangé d'argile. Les
trois monticules désignés dans le pays sous
les noms de mont de Cassel, mont des Récol-

lets et mont des Chats ont leur noyau composé de sable : le plus élevé des trois, la *montagne de Cassel*, s'élève de 95 mètres au-dessus de la plaine et de 110 mètres au-dessus du niveau de la mer ; sa forme est celle d'un cône dont la base mesure environ 2,000 mètres.

L'arrondissement de Lille offre l'aspect d'une vaste plaine qui ne présente d'autre éminence remarquable que le coteau de Mons-en-Pévèle, à la limite du canton d'Orchies. Auprès des cultivateurs du Nord, le sol de cet arrondissement passe pour le meilleur de tout le département. En général, c'est une excellente terre argilo-sablonneuse que les engrais et des assolements judicieux ont amenée au plus haut point de fertilité : la couche végétale atteint, dans beaucoup d'endroits, jusqu'à 65 centim. de profondeur ; la glaise se rencontre aux environs de Mons-en-Pévèle et de Phalempin.

Le sol est encore très-plat dans l'arrondissement de Douay ; il offre quatre variétés de terres bien tranchées. Les bords de la Scarpe, ainsi qu'une partie du canton de Marchiennes, sont plus ou moins tourbeux, mais, à mesure qu'on s'avance dans l'intérieur, le sol se rapproche davantage de la nature sablonneuse ;

toute la vallée de la Scarpe est formée par un excellent sable gras qu'Arthur Young regardait comme le meilleur de l'Europe pour la culture du lin; à Flines et surtout à Raches, la couche arable, de nature sablonneuse, n'a que peu d'épaisseur; entre Quincy et Esquerchin, au-dessous de Douay, l'élément calcaire domine, tandis que, dans toutes les communes situées à l'est, l'argile sablonneuse reparait : Sin-le-Noble, Masny, Dechy, Cantin, Arleux possèdent les meilleurs sols de l'arrondissement.

Les cantons de Condé et de Saint-Amand sont, en général, sablonneux, mais l'humidité du sous-sol maintient une certaine fraîcheur dans les couches supérieures qui n'ont que peu de fond, et permet d'y cultiver le chanvre dont la réussite serait fort chanceuse sans cette circonstance particulière. A mesure qu'on se rapproche de Valenciennes, les terres franches se montrent de nouveau. Les environs de cette ville offrent une excellente argile siliceuse qui se continue presque sans interruption depuis Onnaing, Saint-Sauve, Famars jusqu'à Haspres, Noyelle, Bouchain et Denain. Rien de plus riche et de mieux cultivé que ces localités : la nature, ainsi qu'à Lille, a fait beaucoup pour ce pays, mais l'intelligence et l'industrie de ses habitants en ont tiré surtout le plus grand parti.

En quittant Bouchain pour entrer dans l'arrondissement de Cambray, on voit que le sol diffère peu de celui des cantons de Valenciennes; c'est toujours la même argile sablonneuse si favorable à la culture. La couche arable se distingue encore par sa profondeur; ce n'est qu'en descendant vers l'est que les bancs de craie apparaissent à la surface du sol; ils règnent principalement sur la rive droite de l'Equerlin, et depuis Cambray jusqu'au Catelet. La couche calcaire s'interrompt non loin du chef-lieu, pour faire place au plateau argileux que couronne le village de Béthencourt; elle reparaît ensuite aux environs de Cateau et de Solesmes, et pénètre enfin dans l'arrondissement d'Avesnes. Toutefois, le sol argilo-sablonneux occupe la plus grande partie de ce pays, qui peut être encore regardé comme un pays de plaine, quoiqu'il s'élève insensiblement jusqu'à Bonavis : ce village, situé aux confins du département de la Somme, représente le point culminant du département du Nord; sa hauteur est de 145 mètres au-dessus du niveau de la mer. Parmi les coteaux qui traversent l'ar-

rondissement de Cambray, quelques-uns cou-
rent de l'ouest à l'est ; la plupart, cependant,
ont leur direction du sud au nord ; ils doivent
leur origine aux cours d'eaux qui ont raviné
la plaine en y creusant d'étroites vallées ; leur
pente peu rapide permet à la charrue d'y fonc-
tionner avec autant de facilité que dans la
plaine : l'épaisseur de la couche végétale varie.

Le sol de l'arrondissement d'Avesnes est
bien moins fertile que celui des arrondissements précédents. La Sambre, qui le divise
en deux parties presque égales, semble avoir
posé la limite des bonnes et des mauvaises
terres. Celles situées au nord-ouest de cette
rivière retiennent plus ou moins les qualités
du sol argilo-sablonneux ; mais, à mesure
qu'on s'éloigne de la Sambre pour s'enfoncer
vers le sud-est, le terrain change entièrement.
Dans certaines localités, notamment près
d'Avesnes, le sol consiste principalement en
roches schisteuses à peine recouvertes de quelques millimètres de terre végétale ; dans la plupart des endroits, on rencontre une glaise froide
et tenace qui présente les plus grands obstacles à la culture : en revanche, l'herbe y
croît avec une merveilleuse facilité, et, partout
où l'on a établi des pâtures et des prairies

naturelles , on obtient un fourrage de première qualité ; produit d'autant plus avantageux , que la nature ingrate du sol ne
comporte guère que ce genre de récoltes.

C'est dans cet arrondissement que les accidents de terrain sont le plus multipliés. La
plupart des cantons sont entrecoupés de coteaux
peu élevés dont l'inclinaison varie beaucoup :
ceux voisins de la Sambre se dirigent, comme
cette rivière, du sud-ouest au nord-est ; ceux,
au contraire , qui se rapprochent des deux
Helpes ont leur direction du sud-est au nord-
ouest ; leur noyau se compose de calcaire.

Le sol arable du département du Nord est
donc, en général , un sol argilo-sablonneux ,
qui , dans les circonstances climatériques où
il se trouve placé, offre d'immenses ressources à l'agriculteur. Cette remarque n'avait
point échappé au célèbre observateur Arthur
Young, lors de son voyage agronomique dans
cette partie de la France. « Les plaines fer-
« tiles, profondes et unies de la Flandre, dit-
« il, sont aussi belles qu'il est possible d'en
« trouver pour récompenser l'industrie des
« hommes ; il y a deux ou trois et même quatre
« pieds de profondeur d'un terrain humide et
« pourri ; ce sont, en outre, des terres friables

« et douces, tirant plus sur l'argile que sur
« le sable, avec un fonds calcaire, riches sur-
« tout en détritus, qui ajoute à leur fertilité
« naturelle. La pourriture de la terre en Flan-
« dre et sa position, qui est toute plate, sont les
« principales causes qui la distinguent des
« meilleurs sols du reste de cette partie de
« l'Europe. »

CLIMAT ET TEMPÉRATURE.

La position géographique et la surface entièrement découverte du département du Nord
exercent une grande influence sur son climat.
Celui-ci est naturellement froid ; toutefois le
voisinage de la mer, qui le borne au nord et au
nord-ouest, le sol bas et sans cesse remué par
de profondes cultures, les nombreux cours
d'eau qui le sillonnent ainsi que les brouillards
répandus à leur surface, entretiennent dans
l'atmosphère une humidité qui tempère la
rigueur des hivers. Ces causes réunies expliquent comment, à cette extrémité septentrionale de la France, le thermomètre, au temps
des plus fortes gelées, descend souvent moins
bas que dans certaines contrées plus rapprochées du sud, mais exposées à des courants

d'air très-sec. Il en résulte encore que le printemps se montre tard et dure peu ; mais à peine la terre est-elle échauffée par le soleil, que les détritus accumulés dans le sol et pénétrés par l'humidité entrent en fermentation, la végétation prend un développement rapide et atteint en quelques jours son point d'accroissement régulier.

Les semailles d'automne sont, en général, favorisées par un beau temps.

D'après des observations météorologiques recueillies dans ces derniers temps, la moyenne du froid, pendant dix années consécutives, s'est élevée à 8 degrés 7 ; la quantité moyenne d'eau tombée pendant le même intervalle a été de 650 mill. par année.

Les vents dominants dans le département sont ceux de l'ouest, du nord-ouest et du sud-ouest ; les deux premiers, surtout, règnent pendant la plus grande partie de l'année. Le vent ne se tient pas longtemps au sud ; il saute bientôt au sud-ouest pour revenir ensuite à l'ouest et au nord-ouest ; parfois, dans l'hiver et dans l'été, il passe au nord et s'y maintient pendant plusieurs jours : lorsque les vents du nord soufflent au printemps, ils retardent la végétation ; en revanche, leur action est fort utile à cette époque lorsque l'hiver a été pluvieux. Le changement rapide des vents dans ce département y détermine des variations subites de chaud et de froid ; aussi n'est-il pas rare de voir les journées les plus chaudes interrompues brusquement par une température absolument contraire. Un grand nombre de cultivateurs expliquent, par cette cause, l'origine du miellat et de la rouille qui attaquent si fréquemment les céréales dans le département du Nord.

ROUTES ET COURS D'EAU.

Le département du Nord est l'un de ceux qui laissent le moins à désirer sous le rapport des voies de communication. Indépendamment des grandes routes qui le traversent et qui sont toutes parfaitement entretenues, il jouit encore de nombreux moyens de transport dans ses rivières et ses canaux navigables.

Les principales rivières qui l'arrosent sont : l'Aa, la Colme, la Peen, la Lys, la Nieppe, la Law, la Bourre, la Marque, la Deule, la Scarpe, la Sensée, l'Escaut, la Sambre et les deux Helpes.

Les canaux les plus importants sont le

canal de la Colme, celui de Bourbourg, de Bergues, de la Nieppe, d'Hazebrouck, de Lille, de la Bassée et de Saint-Quentin. Cette navigation offre un haut degré d'intérêt pour l'agriculteur; elle lui permet, en effet, de profiter des circonstances avantageuses pour conduire à peu de frais ses denrées sur les marchés éloignés et pour se procurer les engrais et les amendements nécessaires auxquels il serait forcé de renoncer sans ces ressources. On sait que c'est ainsi que les fumiers de la ville de Dunkerque sont expédiés à bas prix jusqu'à une distance de 25 à 28 kilomètres, et que les cultivateurs des arrondissements de Dunkerque et d'Hazebrouck font venir des environs de Saint-Omer la substance calcaire qu'ils appliquent avec tant de succès à leurs terres argileuses.

Les tableaux suivants indiquent la richesse du département sous le rapport de ses voies de communication :

TABLEAU des routes royales et départementales du département du Nord.

Nᵒˢ des routes.	NOMS DES ROUTES.	Longueur de chaque route dans le département.
	Routes royales	Mètres.
2	de Paris à Maubeuge et Mons............	35,895
16	de Paris à Dunkerque.................	53,879
17	de Paris à Lille......	92,993
25	du Havre à Lille..................	15,540
29	de Rouen à Valenciennes et Mons........	58,112
39	de Mézières à Montreuil-sur-Mer........	40,317
40	de Paris à Dunkerque et Ypres..........	34,611
41	de Saint-Pol à Lille et Tournay..........	39,189
42	de Lille à Boulogne..................	54,990
43	de Bouchain à Calais.................	27,940
44	de Châlons à Cambray................	6,745
45	de Marles à Saint-Amand et Tournay......	55,535
48	de Valenciennes à Condé et à Audenarde..	18,124
49	de Valenciennes à Maubeuge............	43,324
50	de Douay à Arras..................	3,946
	TOTAL....	581,270
	Routes départementales	
1	de Lille à Valenciennes.................	26,093
2	de Lille à Ypres.....................	15,445
3	de Tournay à Douay..................	16,007
4	de Cambray à Tournay................	18,533
5	d'Avesnes à Philippeville..............	16,328
6	de Landrecies à Chimay...............	38,726
7	de Condé à Mons....................	9,030
8	de Saint-Amand à Condé..............	11,496
9	de Lille à Saint-Omer.................	49,575
10	de Valenciennes au Cateau.............	29,811
11	de Cambray à Guise..................	18,706
12	d'Avesnes à Berlaimont...............	13,380
13	de Maubeuge à Maroilles..............	20,187
14	de Lille à Tourcoing.................	16,134
15	de Dunkerque à Furnes...............	10,290
	TOTAL....	309,741

TABLEAU des canaux et des rivières navigables du département du Nord.

NOMS DES CANAUX ET DES RIVIÈRES.	Étendue de la navigation dans le département.
	Mètres.
Canal de la Colme	24,785
— de Bourbourg	21,462
— de Bergues à Furnes et Becque d'Hond-schoote	13,860
— de Dunkerque à Furnes	13,303
— de Bergues à Dunkerque	8,701
— des Moëres	10,320
— de la Cunette	2,303
— de Mardick	3,500
— de Saint-Omer aux Neuf-Fossés	16,288
— de la Nieppe	9,742
— d'Hazebrouck	5,845
— de Préavin	1,918
— de la haute Deule	33,411
— de la basse Deule	16,089
— de la Bassée	7,152
— d'Aire à la Bassée	40,000
— de la Marque	21,000
— de Saint-Quentin	21,500
— de la Sensée	24,000
— de Mons à Condé	3,000
Rivière de l'Aa	25,000
— de la Lys	55,000
— de la Bourre	7,794
— de la Law	2,250
— de la Scarpe	53,235
— de l'Escaut	68,483
— de la Sambre	45,000
TOTAL	554,971

RÉCAPITULATION.	ÉTENDUE.
	Mètres.
Canaux et rivières navigables	554,971
Routes royales	581,270
Routes départementales	309,741
	1,445,982

IMPORTANCE RELATIVE DES INDUSTRIES AGRICOLE ET COMMERCIALE.

S'il existe un pays en France où l'agriculture soit partout honorée et embrassée avec ardeur, c'est, sans contredit, dans le département du Nord que ce goût spécial se manifeste avec le plus d'éclat; on peut même dire sans exagération qu'ici tout le monde est agriculteur. L'extrême division des propriétés, d'une part, de l'autre les habitudes simples de la vie rurale auxquelles un grand nombre de personnes sont restées fidèles, et, par-dessus tout, l'exemple fréquent de hautes capacités se livrant avec succès à l'amélioration de leurs terres, tout concourt, chez l'habitant du Nord, naturellement porté au travail et à la persévérance, à perpétuer cette industrie, qui fit de tout temps la gloire et la richesse de ces contrées. L'agriculture forme donc l'occupation principale dans cette partie de la France, et de là, par une conséquence naturelle, cette foule d'industries qui lui empruntent leur origine, leurs matières premières et qu'elle alimente sans cesse : on ne s'en étonnera pas, si l'on se rappelle que le département du Nord s'est toujours placé à la tête de notre agriculture. C'est là que les principes de l'assolement alterne ont été d'abord introduits. Tandis que le reste de la France suivait aveuglément l'antique rotation triennale, la culture du trèfle, intercalé parmi les céréales et les plantes textiles et oléagineuses, résolvait le grand problème de la succession non interrompue des récoltes, et prouvait que, dans la plupart des cas, la jachère ne doit être regardée que comme un moyen extraordinaire auquel on n'a recours que lorsque le mal ne peut plus être combattu par les moyens accoutumés. C'est encore dans ce département que le colza et le lin ont pris un si grand développement, et que du nord, leur berceau primitif, ils se sont répandus dans les autres contrées : qui ne sait, enfin, que, dans ces derniers temps encore, la betterave, à peine connue des autres départements, si l'on en excepte le **Pas-de-Calais,** avait été adoptée avec un tel empressement par les cultivateurs du Nord, qu'en 1838 on comptait dans ce département une foule de fabriques de sucre indigène annexées aux exploitations rurales. Les causes qui viennent d'arrêter cet élan ne doivent pas trouver place dans ce mémoire.

En résumé, la tendance des esprits vers l'a.

griculture est évidente dans le Nord ; les autres branches commerciales dont les villes sont, pour ainsi dire, en possession exclusive, ne viennent qu'en seconde ligne, malgré leur importance, et cette heureuse supériorité, l'agriculture la doit autant à la nature privilégiée du sol qu'au travail intelligent des habitants.

——

POPULATION. — CONSTITUTION PHYSIQUE ET MORALE DES HABITANTS DU NORD.

Le département du Nord, considéré sous le point de vue de sa population, vient immédiatement après le département de la Seine ; il compte 1,026,447 habitants répartis de la manière suivante entre les sept arrondissements qui le composent :

CHEFS-LIEUX d'arrondissem^t.	POPULATIONS		
	des communes.	des arrondiss^{ts}.	du département
Dunkerque. . .	23,808	96,858	
Hazebrouck.. .	7,674	105,879	
Lille.	72,005	309,349	
Douay.	19,173	94,573	1,026,417
Valenciennes. .	19,490	130,061	
Cambray. . . .	17,846	157,362	
Avesnes	3,030	132,835	

Les habitants de ce département sont, en général, d'une taille au-dessus de la moyenne, et jouissent, pour la plupart, d'une constitution robuste. Une nourriture abondante et saine, une vie régulière, les habitudes d'une propreté devenue proverbiale, l'amour du travail, surtout dans la classe des cultivateurs, et l'observance des pratiques religieuses, expliquent aisément le bien-être qu'on remarque dans tous les villages de ce département, particulièrement dans les arrondissements de Lille, d'Hazebrouck et de Dunkerque. Rien de plus ordinaire que de voir des groupes de six et huit enfants appartenant à un seul ménage et rivalisant entre eux de santé et d'embonpoint. Mais ces richesses deviennent de jour en jour plus locales; elles ne se montrent plus qu'à de rares intervalles dans les autres arrondissements, livrés davantage au commerce et à l'industrie. Aussi est-il vrai de répéter ici le vieil adage applicable à tous les pays : là où l'enfant est accoutumé de bonne heure aux intempéries de l'air et jouit du plein exercice de ses facultés, il atteint aisément sa perfection physique; partout, au contraire, où l'enfance et la jeunesse sont condamnées à un repos pernicieux au milieu d'ateliers, la population, étouffée dans sa croissance, reste chétive et rabougrie.

Certains critiques ont reproché aux habitants du Nord des habitudes de lenteur et d'insouciance. Il est vrai de dire que la constance avec laquelle le cultivateur se livre au travail tient plus, en général, de l'assiduité que de l'activité, et que la répugnance prononcée qu'il témoigne pour toute espèce d'innovation prend surtout sa source dans un naturel flegmatique; mais un défaut plus essentiel, qu'on ne saurait trop relever chez la classe ouvrière, c'est l'abus fréquent des boissons. Cette passion déplorable existe depuis longtemps dans ce département; elle domine surtout dans les arrondissements de Dunkerque, d'Hazebrouck et de Lille. La plus grande partie des journaliers et des ouvriers des villes dépensent en boissons le produit de leur travail, et, les jours de repos, hommes et femmes encombrent en foule les cabarets. Les scènes bachiques retracées par Téniers ne se terminent plus, comme autrefois, par des rixes sanglantes, mais le voyageur qui traverse certains villages du Nord, un dimanche ou tel autre jour de *ducasse*, s'aperçoit promptement que les vieilles habitudes flamandes ne sont pas tout à fait oubliées.

—

ÉTAT DE LA PROPRIÉTÉ.

Les terres sont extrêmement divisées dans le département du Nord ; le morcellement des propriétés varie suivant les localités.

Dans les cantons de Gravelines et de Dunkerque, les fermes ont, en général, de 100 à 150 hectares ; à Wormhout, Bergues et Hondschoote, elles ne comportent plus que 20 à 25 hectares ; dans le canton de Bourbourg, les fermes situées à l'est de l'arrondissement ont de 60 à 70 hectares ; vers le littoral de la mer, elles s'élèvent depuis 100 jusqu'à 150 hectares.

Dans l'arrondissement d'Hazebrouck, les fermes peuvent être divisées en deux catégories : les grandes fermes, c'est-à-dire celles de 60 à 80 mesures (la mesure équivaut à 37 ares), et les petites fermes, ou celles qui n'ont que 30 à 35 mesures.

Dans l'arrondissement de Lille, la division des propriétés est encore plus frappante : le morcellement y est poussé jusqu'à l'excès. La douzième partie des fermes comprend les grandes exploitations de 40 à 50 bonniers (le bonnier répond à 4 hectare 44 ares 87 centiares). Les fermes de moyenne étendue sont celles où l'on cultive de 10 à 20 bonniers; elles renferment environ le tiers des exploitations : le reste se compose de toutes les fermes de 10 à 5 bonniers et au-dessous, si toutefois on peut encore donner le nom de fermes à des exploitations excessivement restreintes, où le mari, la femme et les enfants, sans cesse occupés à se créer du travail, ne s'attachent qu'aux plantes qui exigent le plus de main-d'œuvre, où chaque cultivateur, transformé en maraîcher, ne porte aucun grain au marché, consomme plus qu'il ne peut produire et traîne une existence misérable, malgré les privations de tout genre qu'il s'impose.

Quelques grandes exploitations surgissent de loin en loin dans l'arrondissement de Douay. Là où s'élevaient autrefois de riches abbayes, on rencontre encore des fermes de 3 à 400 rasières (la rasière vaut 45 ares); mais celles-ci deviennent tous les jours plus rares. La fureur du morcellement s'est emparée des propriétaires, et ceux-ci, séduits par le haut prix des petites locations, n'attendent que l'expiration des anciens baux pour sacrifier l'avenir au présent, en affermant leurs terres en détail. Un grand nombre des fermes moyennes de l'arrondissement comptent de 100 à 120 rasières; viennent ensuite les fermes de 45 à 60 rasières, et, enfin, la classe du plus grand nombre des cultivateurs, exploitant de 15 à 20 rasières. On trouve encore dans les cantons d'Orchies et de Marchiennes, ainsi que dans certaines localités du canton d'Arleux, de petits ménagers qui afferment à des prix excessifs de 1 à 1 1/2 hectare. Ce sont, en général, de pauvres colons obligés d'aller travailler chez les fermiers; ils ne possèdent ordinairement qu'une vache et un porc, manquent d'engrais suffisants, font labourer leurs terres par leurs voisins, ne donnent que des façons incomplètes et hors saison à leurs récoltes, de peur de se priver du bénéfice réel de leurs journées, et dont la condition fausse est bien au-dessous de celle des simples ouvriers, que rien ne distrait de leur occupation principale.

L'arrondissement de Valenciennes offre plus de grandes fermes que celui de Douay; elles s'étendent, en général, autour du chef-lieu, dans un rayon de deux lieues; le quart des exploitations ordinaires n'excède pas 25 bonniers (1 hectare 20 ares 72 centiares) : le reste se compose de fermes de 15, 10 et 5 bonniers.

A partir de Cambray, les exploitations deviennent sensiblement plus considérables ; l'œil cesse d'être fatigué de l'aspect de ces propriétés morcelées à l'infini, qui, au premier abord, semblent un bienfait pour l'agriculture, mais opposent, en définitive, un des obstacles les plus graves à ses progrès. Les grandes fermes de cet arrondissement comportent, en général, de 150 à 200 hectares ; les fermes ordinaires ont de 20 à 30 hectares d'étendue ; les plus petits cultivateurs exploitent de 10 à 3 hectares.

Les mêmes remarques s'appliquent à l'arrondissement d'Avesnes, avec cette différence, cependant, que partout où le système d'assolement repose sur les pâturages, comme à Landrecies, Berlaimont, Maroilles, Avesnes et jusque près de Trélon, les exploitations sont fort restreintes, sans être néanmoins aussi morcelées que dans l'arrondissement de Lille : la grande culture domine dans les cantons de Maubeuge, de Bavay et du Quesnoy.

BAUX.

Le nombre des propriétaires qui cultivent eux-mêmes leurs terres est très-limité dans le département du Nord; la plupart des exploitations rurales sont conduites par des fermiers. A la vérité, on trouve encore quelques colons partiaires dans l'arrondissement de Dunkerque; mais ce mode de location n'a plus lieu, pour ainsi dire, que par exception : les propriétaires résidant en ville donnent alors leurs terres à exploiter à moitié fruit, sous la condition que les récoltes seront vendues sur pied, et que le prix en provenant sera partagé par portions égales entre le propriétaire et le colon; les meilleures terres, seules, sont soumises à cette sorte de location dont l'usage s'affaiblit tous les jours.

Les baux sont, en général, de neuf ans; leurs clauses spéciales varient suivant chaque arrondissement.

Dans l'arrondissement de Dunkerque , le fermier a la faculté de renoncer à son bail à chaque troisième année, et il lui est permis de dessoler.

A Hondschoote, les baux sont de trois, six ou neuf ans; le fermier a la faculté de résilier à chaque troisième année ; il est tenu de transporter chez le propriétaire le bois que celui-ci fait abattre sur ses terres.

Près de Steene, les baux, généralement de neuf ans, ont été portés, depuis quelques années, à douze et quinze ans. Si la ferme a 100 mesures (la mesure vaut 44 ares 8 cent.), le cultivateur ne peut, à la fin de son bail, semer plus de 6 à 7 mesures en avoine.

Les terres se louent, l'une dans l'autre, de 33 à 36 fr. la mesure de 44 ares 4 centiares.

Dans l'arrondissement d'Hazebrouck, les baux sont consentis quelquefois pour six ans ; il est expressément interdit au cultivateur de mettre deux années de suite dans la même sole des *éteules blanches*, telles que blé, orge, avoine, moutarde, ou toute autre plante épuisante ; il est tenu de fournir à ses frais les clous, lattes et autres accessoires nécessaires pour couvrir les bâtiments de l'exploitation ; il doit entretenir avec soin les pâtures et protéger contre les bestiaux les jeunes arbres qui y sont plantés, en plaçant trois piquets autour de chacun d'eux ; il est chargé, en outre, de garnir les haies d'épines blanches (*mespilus oxyacantha*). Les impôts de toute nature, même ceux concernant naturellement le propriétaire, sont à la charge du fermier, qui demeure responsable de tous les cas fortuits; seulement, en cas d'incendie, celui-ci a la faculté de résilier son bail à l'expiration de l'année du sinistre. La mesure de 35 ares 40 centiares, et, dans certaines communes, de 37 ares, se loue de 28 à 32 fr.

Dans l'arrondissement de Lille, toutes les fois que le fermier paye exactement, l'exploitation reste, en général, de père en fils dans la même famille; souvent même, dans les cas de vente, l'acquéreur conserve le fermier. Il est d'usage qu'à chaque renouvellement de bail, le fermier paye une demi-année de fermage à titre de pot-de-vin. La prime d'assurance concernant les biens de la ferme est mise quelquefois à sa charge; il ne peut dessoler pendant les trois dernières années de son bail; défense lui est faite, ainsi que dans l'arrondissement d'Hazebrouck, de semer deux *éteules blanches* de suite dans la même terre. Quelques propriétaires, lors de l'entrée ou de la sortie du fermier, font quelquefois une estimation contradictoire de l'état des bâtiments; ce cas, cependant, est très-rare. Le terme moyen du prix de location des terres est de 150 fr. le bonnier (1 hectare 44 ares 87 centiares).

Dans l'arrondissement de Douay, le bail, indépendamment des clauses énoncées plus haut, contient la condition expresse que le preneur, à la fin de son fermage, ne pourra invoquer la tacite réconduction.

L'une des clauses les plus remarquables que m'ont présentées les baux de cet arrondissement est celle offerte à son fermier par M. le baron de Bouteville, ancien sous-préfet, aujourd'hui propriétaire-cultivateur fort éclairé dans le canton de Marchiennes. A l'expiration du bail, le fermier a la faculté d'offrir une augmentation de prix, et si le bailleur ne consent pas à renouveler le bail au prix offert, il paye, à titre d'indemnité, à son fermier, le triple de l'augmentation proposée. Ainsi supposons l'hectare loué 80 fr. ; si le fermier consent à porter le prix à 85 fr., et que M. de Bouteville refuse le renouvellement du bail, par ce fait seul il doit compter à son fermier 15 fr. d'indemnité par chaque hectare. De cette manière, le fermier peut, sans craindre d'être évincé à l'expiration de son bail, faire toutes les améliorations nécessaires dans son exploitation et cultiver en bon père de famille, puisqu'il est sûr que sa jouissance lui sera continuée et qu'il recueillera le prix de ses avances et de ses sacrifices ; d'un autre côté, on n'a point à craindre qu'il élève l'augmentation de son fermage à un taux exagéré, car alors le propriétaire peut le prendre au mot et lui faire payer cher une continuation de bail qui léserait ses véritables intérêts.

Le prix de location des terres, dans l'arrondissement de Douay, est de 70 à 100 fr. l'hectare.

Les baux, dans l'arrondissement de Valenciennes et dans celui de Cambray, ne renferment aucune clause particulière qui mérite d'être citée ; les terres se louent, l'une dans l'autre, de 70 à 85 fr. l'hectare.

A Avesnes, les baux sont de trois, six ou neuf ans, à la volonté réciproque des parties. Les baux emphytéotiques, autrefois assez communs dans cet arrondissement, ne sont plus en vigueur que pour les biens appartenant aux hospices ; le prix moyen de location des terres est de 60 à 70 fr. l'hectare.

Les clauses communes à tous les arrondissements sont,

1° D'acquitter le prix du fermage en monnaie ayant cours ;

2° De payer les impositions de toute nature, prévues ou non prévues ;

3° D'entretenir les chemins, fossés, haies et canaux ;

4° De fournir, chaque année, la paille nécessaire pour l'entretien des toitures (cette clause n'existe, en général, que dans les arrondissements de l'ouest, là où les constructions rurales sont encore couvertes en chaume) ;

5° De faire les grosses et les petites réparations (dans certaines localités, cependant, les premières tombent à la charge du propriétaire) ;

6° De ne pas vendre les récoltes sur pied sans le consentement du propriétaire ;

7° De consommer toutes les pailles dans la ferme (cette clause essentielle n'est pas obligatoire dans le canton de Bourbourg, aussi les mauvais fermiers profitent-ils du silence du propriétaire à cet égard pour vendre la plus grande partie de leurs pailles) ;

8° De ne point dessoler, ni de rompre les pâtures ;

9° De ne point sous-louer sans le consentement du propriétaire.

COMPOSITION DES EXPLOITATIONS RURALES.

Le nombre des bêtes de travail et de rente

employées, dans le département du Nord, au service des exploitations rurales, varie à l'infini, non-seulement en raison de l'étendue des fermes, mais encore suivant le degré d'aisance du cultivateur, sa position particulière, et le système plus ou moins raisonné qu'il a adopté.

Arrondissement de Dunkerque.

A Gravelines on compte, sur une exploitation de 200 mesures (la mesure vaut 44 ares 4 centiares), 12 chevaux, 40 ou 50 bêtes à cornes et autant de porcs.

Dans le canton de Bergues, sur une ferme de 50 à 60 mesures, on tient 2 chevaux, 8 vaches à lait, 3 ou 4 élèves (veaux ou génisses; le fermier en engraisse 1 ou 2 chaque année); il y a, en outre, 2 ou 3 porcs.

Dans les Moëres, on trouve, pour 40 mesures de terre, 3 ou 4 chevaux, 12 bêtes à cornes, tant vaches laitières qu'élèves, et 5 ou 6 porcs.

A la ferme Saint-Jacques, de 184 mesures, tenue par M. de Powers, j'ai rencontré 8 chevaux, 14 vaches, 11 élèves (veaux et génisses), 4 porcs et 2 poulains.

Aux Petites-Moëres, chez M. Vanden-Bavière, ferme de 420 mesures : 18 chevaux,

30 vaches, dont 10 de 3 ans , 14 génisses d'un an , 16 veaux , 1 taureau et 200 moutons flamands.

Chez M. Mayeux, à Capelle, près Dunkerque , 280 mesures : 12 chevaux , 25 vaches à lait , 1 taureau , 15 élèves vendus généralement à 1 an dans le pays, 12 porcs angloflamands et 200 moutons.

A Bollezeele, dans les fermes de 40 à 50 mesures (la mesure ici vaut 35 ares), on a 2 chevaux, 4 à 5 vaches, 4 à 5 élèves (des veaux en général) , 10 porcs et un lot de moutons.

Arrondissement d'Hazebrouck.

Grandes fermes de 60 à 80 mesures (la mesure vaut 37 ares); on tient 2 chevaux , 14 à 18 bêtes à cornes, dont 10 vaches, 5 génisses et 3 veaux , 12 à 15 porcs : quelques cultivateurs ont encore un troupeau de 60 à 80 moutons flamands , qui pâturent le long des chemins pendant l'été et sont nourris l'hiver à la bergerie.

Petites fermes de 30 à 35 mesures : 1 cheval pendant l'hiver, 2 pendant l'été; souvent deux voisins se prêtent réciproquement leur cheval pendant une semaine, ou bien chacun d'eux travaille, à tour de rôle, 3 ou 4 jours pour l'autre ; 10 bêtes à cornes et 3 ou 4 porcs.

Une ferme de 60 mesures m'a présenté 2 chevaux, 6 vaches à lait, 5 élèves, tant vaux que génisses et 6 porcs.

M. Cappon, propriétaire-cultivateur à Vieux-Berquin, dans sa ferme de 96 mesures, tient 2 chevaux, 8 vaches laitières, 8 élèves (veaux ou génisses) et 4 porcs.

A Nordpeen, pour 100 mesures (35 ares 25 cent.), on a 3 ou 4 chevaux, 10 à 12 vaches, 10 à 12 génisses ou veaux, 4 ou 5 porcs à l'engrais. Les cultivateurs de ce canton se plaignent encore de la pénurie du fumier ; ils en font venir de Dunkerque, et tirent leurs amendements des environs de Saint-Omer.

Arrondissement de Lille.

Pour une ferme de 12 bonniers (le bonnier représente 1 hectare 44 ares 87 centiares), on trouve 2 chevaux 10 vaches à lait, 6 élèves de 1 et de 2 ans et 4 porcs à l'engrais.

M. Weymel, cultivateur à la Chapelle-les-Armentières, dans son exploitation de 43 bonniers, nourrit 6 chevaux, 18 vaches à lait, 14 élèves de 1 à 2 ans, 200 moutons et 12 à 14 porcs destinés à l'engraissement.

A Werwick, dans une ferme de 25 bonniers, M. Vaneslandt occupe 3 chevaux, il tient 13 vaches à lait, 6 élèves (veaux ou génisses de 1 à 2 ans) et 4 porcs.

Dans le canton de la Bassée, sur une ferme de 50 bonniers, on a 10 chevaux, 20 à 25 bêtes à cornes, tant adultes qu'élèves, 1 taureau qu'on engraisse à la troisième année, et 150 moutons.

Il est à remarquer que, dans cet arrondissement, la plupart des cultivateurs font un grand emploi des matières fécales, qu'ils recueillent avec beaucoup de soin chez eux, ou qu'ils tirent de Lille, ce qui ajoute encore à la masse du fumier.

Arrondissement de Douay.

Pour une exploitation de 20 rasières (la rasière vaut 45 ares); on compte 2 chevaux, 3 vaches et 1 ou 2 porcs : on élève aussi, chaque année, une génisse pour remplacer les vieilles vaches.

Sur une ferme de 3 à 400 rasières, on a 25 chevaux, 40 ou 50 bêtes à cornes (élèves ou adultes), 2 à 4 porcs et 400 moutons qu'on engraisse.

M. Ducouvent, à Wandignies, dans sa

ferme d'environ 85 hectares , nourrit 10 chevaux, 14 vaches à lait, 18 élèves de 1 à 2 ans et 30 ou 40 porcs.

Dans le canton de Douay, pour 60 rasières on a 5 chevaux, 6 vaches et 2 porcs.

MM. Fiévet, propriétaires-cultivateurs à Masny, dans leur ferme de 350 rasières, comptent 24 chevaux, 18 vaches, 30 bœufs de trait (il y a une fabrique considérable de sucre de betterave), 400 moutons à l'engrais et 10 porcs; ils engraissent, chaque année, 5 bœufs et nourrissent 5 génisses comme élèves.

Chez M. Gruyelle, à Coutiches, dans une ferme de 123 rasières, j'ai vu 8 chevaux, 12 vaches, 1 taureau et 8 élèves.

M. Baucq, au Faux-Viviers, près Marchiennes, possède 5 chevaux, 12 bœufs, 7 vaches à lait et 3 porcs. Sa ferme contient 60 rasières.

A Flines la plupart des fermes n'ont que 25 rasières; on y tient, en général, 1 ou 2 chevaux et 3 ou 4 vaches. Les cultivateurs qui n'ont que trois rasières exécutent tous leurs travaux à bras d'homme; ils ne possèdent, la plupart du temps, qu'une seule vache, mais aussi ils recueillent avec soin tous les débris qui peuvent être convertis en engrais.

Arrondissement de Valenciennes.

Chez M. Legrand , à Rosult, dans une ferme de 45 bonniers environ (le bonnier ici représente 1 hectare 20 ares 72 centiares), on trouve 10 chevaux , 20 vaches , 200 moutons et 4 porcs.

Les fermes qui n'ont que 22 bonniers nourrissent 5 chevaux, 15 à 16 vaches , 2 à trois porcs et une centaine de moutons.

Les fermes de 8 bonniers, à Hasnon, possèdent 3 chevaux, 4 vaches, 2 porcs et 40 à 50 moutons.

Chez MM. Blanquet et Harpigny, fabricants de sucre, cultivateurs à Famars, on compte, dans leur ferme de 115 hectares, 40 bœufs, 40 chevaux et 10 vaches (il est à observer que ce nombre considérable de bêtes de travail est commandé par les besoins de la fabrique de sucre la plus vaste et, sans contredit, l'une des mieux tenues que nous possédions en France).

Arrondissement de Cambray.

Chez M. Desmoutiers, à Vielly, sur une ferme de 200 hectares, on trouve 30 chevaux,

10 poulains non soumis au travail, 70 bêtes à cornes et 500 moutons.

Enfin, dans les petites fermes de l'arrondissement d'Avesnes, on trouve 6 ou 8 vaches, 1 ou 2 chevaux et 1 ou 2 porcs. Les grandes fermes de 100 hectares nourrissent, en général, 8 chevaux, 12 à 15 vaches et 2 ou 3 porcs.

De ce qui précède, il résulte que, dans le département du Nord, et surtout dans les arrondissements de Valenciennes, Douay, Lille, Hazebrouck et Dunkerque, la proportion des bêtes de rente surpasse de beaucoup celle des bêtes de trait. A cet égard, tous les cultivateurs sont unanimes à considérer les attelages comme un mal nécessaire et dont le travail paye rarement les frais; aussi, loin d'imiter le luxe irréfléchi que l'on déploie dans certains départements pour se monter en chevaux, ne tiennent-ils que le nombre de bêtes de trait indispensable pour exécuter leurs travaux; en revanche, ils multiplient les bêtes de rente, et n'épargnent rien pour soigner et nourrir largement leurs animaux : deux conditions essentielles, à l'aide desquelles la force des attelages et le profit qu'on retire du bétail se trouvent bientôt doublés.

CONSTRUCTIONS RURALES.

Dans toute cette partie du département qui formait autrefois la Flandre maritime, les fermes occupent le centre des exploitations ou s'échelonnent isolément le long des routes, de manière à présenter l'aspect d'une vaste commune rurale ; dans les arrondissements de Lille, de Douay, de Valenciennes, de Cambray et d'Avesnes, au contraire, les fermes sont généralement groupées dans les villages, rarement on les rencontre dispersées à travers les champs.

Les bâtiments, construits, pour la plupart, en briques, forment un carré dont le vide intérieur sert de cour. Le cultivateur habite généralement au rez-de-chaussée ; il y occupe deux pièces : l'une affectée au service de la cuisine et aux opérations du ménage, l'autre réservée pour sa chambre à coucher : cette dernière est ordinairement placée sur la voûte de la cave ou de la laiterie. Au-dessus du rez-de-chaussée règne presque toujours un long grenier carrelé.

La maison d'habitation regarde ordinairement le midi ; de chaque côté s'étendent les écuries, les étables ou bergeries, les granges et le hangar; ces constructions sont bâties le plus souvent en charpentes légères, enduites de pisé : le principal défaut qu'on y remarque consiste dans le plafond, qui n'est généralement composé que de perches plus ou moins écartées sur lesquelles sont entassés les fourrages, et dans le peu d'air dont jouissent les animaux : ce n'est que dans les grandes fermes qu'on trouve les locaux bien disposés pour recevoir le bétail. Nous citerons comme modèles, à cet égard, les bâtiments ruraux de M. Desgraviers, propriétaire au grand Millebrugge, ceux de M. Cappon à Vieux-Berquin, et de M. Julien Lefebvre à Hem-lès-Lannoy; la ferme si remarquable de M. le baron de Bouteville, à Hornaing; celle de MM. Fiévet à Masny, Baucq au Faux-Viviers, Hamoir-Boursier à Sautain, Blanquet et Harpigny à Famars, ainsi que la ferme de M. Desmoutiers à Vielly.

La ferme de M. Vanden-Bavière, aux Petites-Moëres, nous a paru se rapprocher beaucoup de la disposition des fermes anglaises et réunir les plus heureuses conditions ; elle est distribuée de cette manière :

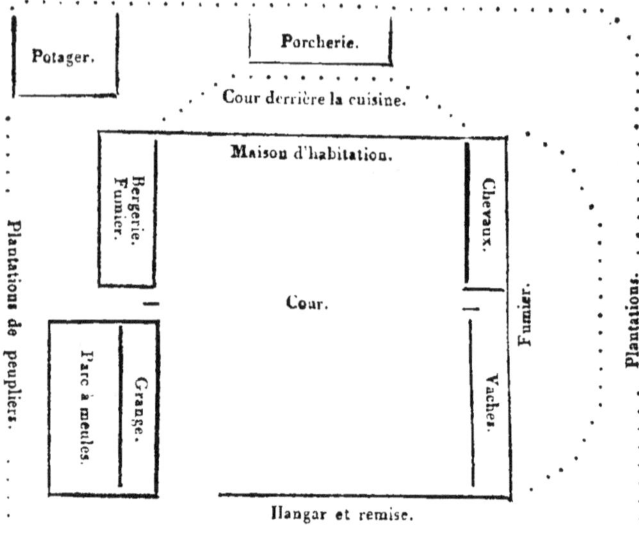

USAGES NUISIBLES A L'AGRICULTURE.

Biens communaux.

L'agriculture du département du Nord est presque entièrement affranchie de l'usage des biens communaux, cette cause principale de la misère et de la routine d'un grand nombre de localités en France. Dès 89, il n'existait plus de biens communaux dans les arrondissements de Dunkerque et d'Hazebrouck. En 1777, il fut décidé que les châtellenies de Douay, de Lille et d'Orchies se partageraient, par feux ou ménages, leurs biens communaux, consistant en marais submergés ou détériorés par l'extraction de la tourbe; défense fut faite en même temps de continuer le tourbage, et chaque concessionnaire reçut l'ordre de planter la lisière du lot qui lui était échu. Une révolution complète ne tarda pas à s'opérer dans ces contrées. Jusqu'alors on avait remarqué que les communes les plus misérables étaient celles qui possédaient le plus de biens communaux, parce que, au lieu de se livrer à la culture, elles bornaient leurs travaux aux occupations momentanées du tourbage; mais à peine le partage fut-il effectué, que les portions ménagères furent assainies, cultivées, améliorées; le travail amena l'aisance, et tel est aujourd'hui l'état de ces biens communaux dans la plupart des localités, qu'il est impossible de les distinguer des biens qui sont toujours restés dans les familles.

Dans l'arrondissement de Douay, la ville de Marchiennes afferme ses biens communaux; ils lui procurent environ 20,000 fr. de rente.

Dans l'arrondissement de Valenciennes, les grandes pâtures connues sous le nom de marais de Wich et de Fresne sont encore abandonnées à la dépaissance de ces deux communes. Tout individu qui, pendant l'hiver, entretient six vaches et un taureau dans son étable a droit d'envoyer ces animaux dans les pâturages communaux, depuis la mi-mai jusqu'aux neiges; il paye un droit de 3 fr. par tête de bétail, pour frais de garde, entretien des fossés et contributions de toute espéce. Ces pâtures ne sont bonnes pour les bêtes adultes que pendant les six premières semaines : l'herbe ensuite devient courte et rare; en revanche, elles conviennent particuliérement aux poulains de deux ans, qui, ayant alors la bouche plus ferme, en tirent un meilleur parti. Rien ne prouve mieux que l'aspect de ces marais communaux combien les propriétés particuliéres l'emportent sur les biens dont la jouissance étant la propriété de tous ne profite réellement à personne. A l'époque où je les parcourais (dans le mois de juillet 1839), la température avait été constamment douce et pluvieuse; néanmoins l'herbe était toute flétrie, et la surface de ces marais ne présentait qu'une longue série de taupiniéres, au milieu desquelles erraient de maigres troupeaux; tandis que, enclavées dans leur enceinte, les pâtures particuliéres, bien tenues, parfaitement vertes et nivelées, nourrissaient de belles têtes de bétail : le contraste était frappant et faisait la critique la plus complète d'un usage réprouvé depuis longtemps par tous les bons esprits.

A Briastre et à Solesmes, les biens communaux sont affermés de même que les autres biens ruraux ; à Vielly, les biens légués aux pauvres, et désignés sous le nom de *biens des pauvres*, sont loués à des fermiers. La rente que ceux-ci payent, chaque année, est versée entre les mains d'une commission chargée de venir au secours de la classe indigente, au moyen de bons et de pains.

Près de Landrecies, ainsi que dans plusieurs cantons de l'arrondissement d'Avesnes, les biens communaux ne sont pas amodiés.

Glanage.

Le glanage existe dans tous les arrondissements du Nord. Les glaneurs ne peuvent entrer dans le champ que depuis le lever du soleil jusqu'à son coucher, et seulement lorsqu'ils sont accompagnés du garde champêtre ; ils doivent attendre que la récolte ait été enlevée : les propriétaires, cependant, permettent quelquefois de glaner aussitôt que les meulons sont formés. Quiconque est convaincu d'avoir ramassé des épis avant l'enlèvement de la récolte perd son droit de glanage.

Déchaumage.

Le déchaumage, connu dans le département sous le nom de *râtelage,* ne se rencontre que dans un petit nombre de localités. Là où il est en usage, on ne le regarde pas comme un mal réel pour l'agriculture, bien qu'il enlève à la terre une portion notable de détritus; cependant les propriétaires jaloux de leurs droits ne le supportent qu'avec répugnance : ils chercheraient même à le supprimer, s'ils ne craignaient que cette prohibition ne portât les classes pauvres à des actes criminels.

De même que pour le glanage, il n'est permis d'entrer dans le champ avec des râteaux qu'après l'enlèvement de la récolte.

Parcours.

Les propriétés rurales situées à l'ouest du département, qui se trouvent fermées, en général, par des haies, des fossés ou d'autres clôtures, n'ont rien à craindre du parcours : le petit nombre de troupeaux qui existent dans ces localités pâturent le long des routes et n'entrent jamais dans les terres ensemencées. Ce n'est que dans les arrondissements de Valenciennes, de Cambray et d'Avesnes que le parcours est en vigueur; les champs sont livrés aux troupeaux quarante-huit heures après que la récolte a été enlevée. Il est juste de dire, cependant, que, nulle part, cet usage ne produit d'effets fâcheux dans un département où la jachère est restreinte à des localités exceptionnelles, et où la charrue suit de très-près le moissonneur.

Mauvais gré.

Indépendamment des usages énoncés ci-dessus, l'agriculture du département du Nord a encore à déplorer, dans le canton d'Orchies, le plus grave de tous les abus, le *mauvais gré*. Par suite d'une coalition tacite entre les cultivateurs de ce canton, coalition cimentée par la peur et la certitude d'une vengeance presque certaine de la part des intéressés ou de leurs adhérents, les propriétaires ne peuvent disposer librement de leurs biens ruraux à titre de vente ou de location; ils sont obligés de les céder à vil prix ou de traiter, au préalable, d'une large indemnité avec le fermier occupant : d'où il résulte que nul acquéreur ou fermier étranger ne se présente, et que les propriétés, dans ce canton, tombent, chaque jour, bien au-dessous de leur valeur réelle.

Cet abus enraciné aux environs de Péronne (département de la Somme), dans la localité désignée sous le nom expressif de *sans terre*, existe depuis un temps immémorial dans l'arrondissement de Douay ; il s'infiltre de plus en plus dans les mœurs des habitants et gagne insensiblement les communes adjacentes, exemptes autrefois de la contagion. Jusqu'ici les mesures essayées pour combattre ce fléau sont restées sans succès : l'action de la justice se trouve paralysée, d'une part, parce qu'il n'existe aucun moyen légal de contraindre les autorités locales à faire cultiver les biens du propriétaire frappé du mauvais gré ; de l'autre, parce que, lorsqu'un nouveau fermier se présente, on ne trouve personne qui ose témoigner en justice des crimes ou délits dont celui-ci est toujours la victime.

Il serait très-urgent que le gouvernement prît des mesures efficaces pour remédier à cette plaie honteuse du mauvais gré, qui viole d'une manière scandaleuse les droits de la propriété, et ruine jusque dans sa base l'avenir de tout un canton.

DES CULTIVATEURS ET DE LA POPULATION OUVRIÈRE.

Les partisans exclusifs du morcellement des propriétés ont prétendu que, nulle part, la position du cultivateur n'était aussi heureuse que dans les pays où la division des terres était portée à son comble; l'état actuel du département du Nord réfute complétement cette utopie. Partout où les terres sont très-divisées, il y a pénurie de capitaux, la culture ne se soutient qu'à force de main-d'œuvre; la famille, prodigue d'un temps dont elle n'apprécie pas la valeur, consacre tous ses soins à des sarclages minutieux; les récoltes, il est vrai, en profitent, mais ces récoltes elles-mêmes se bornent à quelques plantes commerciales très-sujettes, de leur nature, aux chances atmosphériques, et les bénéfices qu'elles procurent se trouvent absorbés par les dépenses du ménage, bien que chacun ne vive que de privations. Dans les grandes exploitations, au contraire, les récoltes plus variées et basées généralement sur les céréales et les fourrages, c'est-à-dire sur des plantes de nature rustique, échappent davantage aux intempéries de l'air; le travail ne manquant jamais, l'existence de tous est assurée, et le peu de frais que l'ouvrier est obligé de faire pour son entretien personnel lui permet d'économiser une partie de ses gages, tandis que, s'il fût resté sur l'héritage paternel, son travail aurait été presque entièrement perdu pour lui. Disons-le hautement : la condition de l'ouvrier, comparée à celle du petit colon dont toute la famille doit vivre sur quelques ares de terre, est bien préférable ; c'est ce qu'on observe à chaque pas dans le département du Nord.

On peut répartir en trois classes les ouvriers attachés au service des exploitations rurales dans le département du Nord :

1° Ouvriers travaillant à l'année ;

2° Ouvriers travaillant à la tâche ;

3° Ouvriers travaillant à la journée.

§ Ier. OUVRIERS TRAVAILLANT A L'ANNÉE.

On comprend sous ce titre le maître charretier, les *cartons* ou valets de charrue placés sous ses ordres, le berger et les servantes. L'engagement a lieu pour une année, soit à partir de la Saint-Jean, soit à compter de la Toussaint ; dans plusieurs arrondissements, les gens se louent encore à Pâques, à la Saint-Michel et à la Saint-Martin. Les gages se payent tantôt en nature, tantôt en argent ; quelquefois le salaire participe de l'un et l'autre de ces modes.

Dans le canton de Gravelines, le maître charretier reçoit de 200 à 300 f., les cartons ont de 15 à 18 f. par mois, les servantes gagnent depuis 5 jusqu'à 10 f. par mois : tous sont nourris ; les servantes, seules, sont blanchies.

Toutes les fois que la ferme possède 200 moutons, on a un berger auquel on donne 15 c. par agneau et 25 c. par mouton gras vendu ; celui-ci a, en outre, le droit d'avoir 36 moutons à lui appartenant, lesquels sont nourris et logés avec le troupeau, aux frais du cultivateur. Le berger et ses deux chiens sont nourris. Dans quelques localités de cet arrondissement, le salaire du berger se paye en argent, mais ce cas est rare.

Les vachers sont pris, en général, parmi les jeunes gens de 12 à 15 ans ; ils reçoivent de 3 à 6 f. par mois et sont nourris. Lorsque les pâtures sont encloses, on se dispense de faire garder les bestiaux.

Chez M. Hamerelle aîné, à la Grande-Synthe, sur un troupeau de 500 bêtes, le berger possède 32 moutons ; le maître lui tient compte des 25 c. par mouton gras vendu au marché ; lorsque c'est un boucher qui achète dans la ferme, ce dernier paye les 25 c. au berger.

Chez M. Vanden-Bavière, aux Petites-Moëres, les cartons ont 190 fr. par an, les servantes reçoivent 80 fr.

Dans l'arrondissement d'Hazebrouck, les cartons reçoivent de 150 à 180 fr. par an ; ils sont nourris et blanchis.

Dans l'arrondissement de Lille, les cartons gagnent 150 fr. par an, les varlets autant, la servante n'a que 120 fr. ; tous sont nourris.

Chez M. Weymelle, à la Chapelle-les-Armentières, le berger reçoit 18 fr. 50 c. par mois, 30 c. par chaque bête vendue et 6 fr. lors de la livraison de la tonte : il n'a aucune bête à lui dans le troupeau.

Les gages diffèrent peu dans les autres arrondissements.

Les repas des ouvriers à l'année ne varient guère d'un arrondissement à l'autre ; dans presque toutes les localités, ils font quatre repas par jour pendant l'été et trois seulement pendant l'hiver ; dans cette dernière saison, ils déjeunent avant le jour avec des tartines de beurre et boivent de l'eau et du lait ; quelquefois, à la place de cette boisson mélangée, on leur donne du lait battu, en guise de soupe; l'été, le déjeuner a lieu à huit heures; le repas de midi consiste en une soupe faite avec du lard et des légumes, tels que pois, haricots, pommes de terre; les jours maigres, ils reçoivent des œufs et des légumes; ils goûtent à quatre heures, pendant l'été, avec des tartines de beurre; le souper a lieu à huit heures et se compose de lait battu, de pain et de farine mêlés ensemble en guise de soupe ou de bouillie; dans certaines localités, on donne de la salade, le soir, au lieu de soupe.

Les charretiers et les valets de charrue ou cartons sont chargés du soin des chevaux; ils exécutent les labours, les transports d'engrais, conduisent les grains et les fourrages aux marchés et font généralement les charrois de toute espèce.

Le garçon de cour, nommé aussi *goujars* dans certains arrondissements, soigne les bestiaux de la ferme et leur sert les affouragements.

Le berger est exclusivement chargé du troupeau de moutons; il le mène paître, dirige l'engraissement et soigne les différentes maladies dont les bêtes à laine peuvent être atteintes.

Les occupations de la servante consistent à traire les vaches, cuire le pain, préparer les repas, faire le fromage et à aider la fermière dans tous les détails du ménage.

Ces domestiques, du reste, ne sont pas tous nécessaires dans chaque ferme, on ne les trouve réunis que dans les exploitations d'une certaine étendue; les fermes moyennes, c'est-à-dire de 15 à 20 hectares, se contentent, en général, d'un valet de charrue et d'une servante; le carton, dans ce cas, partage avec le maître les occupations du labourage, et, l'hiver, il bat en grange. Dans les petites fermes, la servante supplée en partie au garçon de cour : pendant l'été, elle va traire les vaches sur les pâtures; dans l'intérieur de la ferme, elle soigne les bestiaux et leur distribue les fourrages.

On doit dire ici, à la louange des maîtres et des serviteurs, qu'il n'est pas rare de rencontrer dans les fermes des cartons comptant plus de vingt années de service dans la même exploitation. La plupart des cultivateurs du département du Nord traitent leurs ouvriers avec douceur et bienveillance; la conséquence naturelle de ces habitudes, qui se perdent malheureusement de jour en jour en France, c'est que les serviteurs se regardent comme partie intégrante de la famille et ne cherchent jamais à s'en séparer, double circonstance vraiment précieuse dont l'agriculture et la morale recueillent les bienfaits.

§ II. Ouvriers travaillant a la tache.

Les ouvriers travaillant à la tâche dans le département du Nord sont principalement

Les piqueurs,

Les batteurs en grange,

et les hommes employés au palotage et au ruotage des terres ainsi qu'à la confection et au curage des fossés.

Près de Gravelines, les piqueurs fauchent le trèfle et le sainfoin; ils *piquètent*, c'est-à-dire coupent avec le piquet tous les grains; leur salaire est de 4 à 5 fr. par mesure (44 ares 4 centiares). Il y a plusieurs années, ils étaient payés en nature; mais les cultivateurs ont renoncé à ce mode ruineux, parce que, avec le prix du blé que l'on donnait pour piqueter une mesure de froment, on fait piqueter aujourd'hui tous les grains (orge et avoine).

Les piqueurs, dans l'arrondissement de Dunkerque, sont assistés de *parcours*, sorte d'ouvriers qui lient et rentrent les grains, les fourrages; ceux-ci reçoivent 20 fr. par mois pendant les trois mois de moisson; celui qui confectionne les meules gagne 26 fr.; les gerbes et les fourrages ne sont liés qu'avec un seul lien; on se sert aussi de *parc ours* pour charrier et épandre le fumier.

Dans certaines localités de l'arrondissement de Douay, les piqueurs reçoivent 15 à 18 fr. par mois.

Dans d'autres, les piqueurs ont un demi-hectolitre de grain pour couper une rasière (45 ares); ils ne reçoivent pas d'argent.

Dans quelques-unes, enfin, les ouvriers qui font la moisson en perçoivent le seizième, et, de plus, on leur compte 26 bottes de four-rage d'escourgeon.

Chez M. Weymelle, à la Chapelle-les-Ar-mentières, au lieu de piqueurs, on loue cinq hommes pendant six semaines et on leur donne 30 fr. et la nourriture pour exécuter tous les travaux de la moisson.

A Gravelines, les batteurs ont 60 c. par ra-sière de blé (1 hectolitre 1/2); il faut trois ra-sières de sucrion et deux rasières d'avoine pour représenter l'équivalent d'une rasière de blé.

Dans les autres arrondissements, la rétri-bution des batteurs varie entre la quinzième et la vingtième partie du blé battu.

Les paloteurs, c'est-à-dire les ouvriers chargés d'ouvrir de petites rigoles, appelées *ruots*, qui divisent le terrain en planches, sont payés en argent; ils reçoivent 16 à 18 fr. environ par hect.

Quant aux journaliers, le prix de leur journée change suivant les saisons et les arrondissements.

Dans l'arrondissement de Dunkerque, ils gagnent 75 c. en tout temps, à l'exception de celui de la moisson, où ils reçoivent environ 1 fr. 25 c.; tous sont généralement nourris.

Dans le canton de Bergues, la plupart des journaliers sont loués au mois, à raison de 15 fr.; on leur donne la nourriture en sus.

Dans l'arrondissement d'Hazebrouck, le prix de la journée varie de 1 fr. à 1 fr. 25 c.

Près d'Herlies, dans l'arrondissement de Lille, les journaliers reçoivent 35 c. l'hiver et 50 c. l'été; on les nourrit. Le prix de la main-d'œuvre, dans cet arrondissement, s'était sensiblement amélioré dans ces derniers temps, par suite des nombreuses fabriques de sucre indigène élevées aux environs de Lille; mais les circonstances critiques dans lesquelles la fabrication du sucre se trouve engagée depuis quelque temps ont fait retomber le prix de la main-d'œuvre à son ancien taux. Le prix de la journée, dans les arrondissements de Douay, Valenciennes, Cambray et Avesnes, flotte entre 80 c. et 1 fr.

INSTRUMENTS ARATOIRES.

Les principaux instruments aratoires usités dans le département du Nord sont la charrue, la herse, le rouleau, le binot, la houe à cheval, la rasette, le louchet, la faux et le piquet.

Charrue.

La charrue la plus répandue dans le département du Nord est la charrue belge, connue sous le nom de *brabant*. Les différentes pièces qui la composent ne sont pas toutes exactement les mêmes dans les localités où l'on s'en sert : ainsi les unes ont le têtard mobile et en fer, tandis que, dans les autres, cette partie de l'instrument est immobile et se trouve percée de trous qui reçoivent un étrier en fer, dont les dents sont disposées perpendiculairement les unes sur les autres. Quelques-unes sont chargées de fer, d'autres n'en ont que fort peu ; aussi en voit-on qui sont attelées tantôt de deux chevaux, tantôt de trois, dans des sols de même consistance, et alors même qu'il s'agit de labours d'égale profondeur. Néanmoins ces différences n'apportent aucune modification essentielle dans les principes qui président à la construction des brabants : c'est pourquoi la description suivante, empruntée à Schwerz, peut s'appliquer à chacun de ces instruments.

« Le soc et le versoir sont en fonte ; l'age et le sep sont en bois, mais ce dernier a le talon garni de fer, ainsi que la partie qui regarde le côté non labouré de la pièce. Le soc représente un demi-coin : la partie qui regarde la terre non remuée est droite et plate ; celle située du côté du sillon est tranchante, et forme avec la première un angle de 30 degrés ; il n'y a pas de douille du côté du versoir. Celui-ci forme avec le soc une ligne contournée et non interrompue, en sorte que les deux pièces se confondent en une seule ; il est rivé à sa partie antérieure par un lien soudé au soc, et il se trouve maintenu postérieurement par deux étançons qui s'appuient l'un sur le sep et l'autre sur l'age. Celui-ci se rattache au sep par un plateau auquel il adhère au moyen de chevilles ; il est, en outre, fortifié par plusieurs brides. Le sabot, maintenu en position par un coin, glisse sur terre dans sa partie postérieure ; sa partie antérieure se relève en pointe, pour laisser échapper par-dessous le fumier pailleux : le sabot, dans plusieurs localités, est remplacé par une roue. Le têtard est percé de trous qui servent à suspendre le palonnier. Plus celui-ci est suspendu à droite, plus la tranche s'élargit. Ordinairement les chevaux sont attelés au trou qui se trouve vis-à-vis du milieu de l'age, ou bien à l'un de ceux qui l'avoisinent ; les autres trous ne sont utiles que dans le cas où l'on veut labourer tout auprès d'une haie ou d'un fossé. Il n'y a qu'un seul mancheron. »

Cette charrue, l'une des meilleures que l'on connaisse, fonctionne avec une grande régularité ; avec elle, deux chevaux suffisent pour exécuter des labours ordinaires de 135 à 162 millim. ; au moyen d'un attelage de trois chevaux on peut labourer aisément à 271 mill., si la terre n'est pas trop argileuse.

Dans les environs de Valenciennes, on se sert d'une charrue à avant-train, nommée *harna*, qui diffère peu des brabants quant à sa construction ; elle exige un attelage de trois chevaux.

Herses.

Les herses employées dans le département du Nord sont carrées ou triangulaires, armées de dents en bois ou en fer. Tantôt les dents sont cylindriques, c'est ordinairement ce qui a lieu pour celles qui sont en bois; tantôt elles sont anguleuses, telles sont la plupart des herses à dents de fer. Les unes comptent 27 dents, les autres 33; chez presque toutes, les dents font saillie des deux côtés de la herse, de manière que le dos de l'instrument présente des dents de 54 à 81 millim. de longueur; la plupart ont leurs dents légèrement inclinées en avant. On attelle le plus souvent les herses par l'un des angles; suivant qu'elles sont fortes ou légères, on y met un ou deux chevaux.

Rouleaux.

Presque tous les rouleaux du département du Nord sont en bois, d'une seule pièce; c'est par exception qu'on en rencontre en pierre. Les uns sont encadrés dans un double châssis, les autres n'ont qu'un châssis simple; ils ont, en général, 2 mètres à 2 mètres

500 mill. de long sur 406 à 482 mill. de diamètre. Dans quelques localités, néanmoins,
on en voit dont le diamètre offre 406 à 542 mill.
Les rouleaux-hérissons ne sont employés que
chez un petit nombre d'individus.

Binot.

Quelques cultivateurs ont introduit récemment dans leurs exploitations le binot usité à
Saint-Quentin. Cet instrument présente, en
général, la forme triangulaire; il est garni
de deux traverses, munies, l'une de trois
socs et l'autre de cinq, dont les montants sont
aussi larges que le fer. C'est l'instrument le
plus énergique que l'on puisse employer pour
déchaumer, ameublir le sol et détruire les
mauvaises herbes; on l'attelle avec trois ou
quatre chevaux. M. Julien Lefebvre, à Hem-
lès-Lannoy, préfère le binot à la charrue pour
les labours de printemps.

Il ne faut pas confondre avec ce binot,
adopté seulement par un petit nombre de propriétaires, l'instrument connu sous ce même
nom dans presque tous les arrondissements
du département du Nord, et qui n'est autre
qu'une charrue très-imparfaite, munie de
deux versoirs en bois et sans coutre : on se

sert ordiairement de cette dernière pour donner des cultures superficielles et pour butter les plantes sarclées.

Houe à cheval.

La houe à cheval, que l'on remplace le plus souvent par le binage avec la rasette, espèce de petite houe à main dont le fer a environ 8 centimètres de largeur, est armée de 3 socs placés sur deux rangs : un seul cheval suffit pour la conduire.

Louchet.

Le louchet se compose d'un fer dont la largeur est ordinairement de 162 mill. sur une longueur de 217 à 271 mill., et qui s'enchâsse dans un manche de 975 mill. environ : la poignée est disposée de manière qu'on puisse y appliquer les deux mains.

Faux et piquet ou sape.

La faux est celle employée partout pour faucher les céréales ; sa description est bien connue. Quant au piquet, désigné aussi sous le nom de *sape*, il se compose de deux pièces, d'un manche coudé en bois et d'une lame en fer semblable à celle d'une faux , mais beaucoup plus petite. Lorsqu'on fait usage de cet instrument , la main gauche de l'ouvrier est armée , à son extrémité , d'un crochet en fer, monté sur un manche , destiné à rassembler les épis et à les coucher légèrement sur la récolte pendante. L'ouvrier se sert encore du crochet pour former les javelles. Le piquet est le meilleur instrument qu'on puisse employer pour couper les récoltes très-épaisses ou qui sont versées.

DESSÉCHEMENTS.

Cinq grands desséchements ont eu lieu dans le département du Nord, savoir : dans le pays à watteringues , dans les Moëres , dans la vallée de la Scarpe et dans les marais de l'Épaix et de Bruay.

Watteringues.

On désigne sous ce nom des travaux destinés à soutenir le desséchement et à maintenir les propriétés rurales dans leur état de culture. Le pays à watteringues se compose de toute la lisière maritime de l'arrondissement de Dunkerque, dans une longueur d'environ trois myriamètres sur un myriamètre huit kilomètres de largeur ; sa surface est de 38,881 hectares.

Cette contrée, d'une part au-dessous du niveau de la mer, dans son flux, et dominée, de l'autre, par les hauteurs qui y versent leurs eaux, n'était qu'un lac à son origine ; pour en opérer le desséchement, on a percé un grand nombre de canaux sur un développement de 51 myriamètres.

Une administration spéciale, dite des watteringues, règle les ouvrages à exécuter, les dépenses à faire annuellement pour l'entretien des canaux, ponts, éclusettes et autres travaux qui en dépendent.

Cette administration, qui représente l'association des propriétaires intéressés, a été organisée définitivement en vertu du décret du 12 juin 1806. Toutes les terres à watteringues sont divisées en quatre sections dont l'étendue est déterminée par des limites naturelles. Chacune de ces sections est administrée par une commission composée de 5 membres, choisis parmi les trente principaux propriétaires. Un conducteur des travaux et un percepteur sont attachés à chaque section.

Les projets de travaux à exécuter sont soumis à l'examen des ingénieurs des ponts et chaussées. La première section comprend toutes les terres bornées par les dunes de Dunkerque à Gravelines par la rivière de l'Aa et le canal de Bourbourg à Dunkerque; sa superficie est de 9,298 hectares 52 centiares. La seconde section comprend toutes les terres basses situées entre le canal de Bourbourg, celui de la Colme et le canal de Bergues à Dunkerque; sa superficie est de 10,189 hectares. La troisième section comprend toutes les terres basses situées sur la rive droite du canal de la Colme jusqu'au waterganck de Hondegracht; sa superficie est de 8,508 hectares 96 ares. Enfin la quatrième section comprend le reste du pays à watteringues qui ne fait pas partie des Moëres; son étendue est de 2,128 hectares 72 centiares.

Moëres.

La nature n'avait fait des Moëres qu'un vaste égout destiné à recevoir les eaux qui tombent de toutes les terres environnantes et qui sont de 2 mètres 599 mill. plus élevées que le sol des Moëres; leur dessèchement ne pouvait s'opérer qu'à l'aide de machines hydrauliques qui , en élevant les eaux à une hauteur suffisante, les verseraient dans des canaux d'où elles se rendraient à la mer ; c'est aussi le moyen qu'on a employé.

Jusqu'au xviiᵉ siècle , les Moëres restèrent à l'état de marais ; au temps de leur plus grande sécheresse elles étaient encore couvertes de 1 mètre 624 mill. d'eau ; de là, les miasmes qui rendaient la ville de Bergues si insalubre.

En 1619 , le baron Wenceslas de Cœbergher, ingénieur belge, fit, avec les souverains du pays , un traité par lequel il s'engageait à dessécher les Moëres dans un délai fixé. Il entoura d'abord ces lacs d'une digue, puis d'un canal d'enceinte ; il fit, en outre, construire un grand nombre de moulins qui épuisèrent les eaux du fond des Moëres et les élevèrent dans le canal qui les conduisit à la mer par le canal de Bergues. Divers autres travaux achevèrent de dessécher les Moëres ; le succès fut complet. Dès 1632 , on comptait 140 fermes formant le village des Moëres ; mais les Espagnols , assiégés dans Dunkerque, tendirent les inondations et les Moëres rentrèrent sous l'eau : Cœbergher en mourut de chagrin.

Les Moëres restèrent submergées pendant

près d'un siècle. En 1746, le comte d'Hérouville, qui avait obtenu la concession des Moëres, y fit divers travaux dont on se promettait le plus heureux succès, lorsque, par suite du traité de Versailles, en 1763, il fallut détruire une partie de ces travaux en comblant le port de Dunkerque; une partie seule des Moëres échappa à l'inondation. Les choses en étaient là lorsque, en 1779, la compagnie hollandaise Wandermey entreprit de nouveau le desséchement des Moëres; mais les mesures militaires adoptées en 1793 détruisirent les résultats incomplets qu'elle avait obtenus. Les Moëres restèrent abandonnées jusqu'en 1802. A cette époque, les propriétaires nommèrent M. de Buyser directeur du desséchement, et en peu d'années cet habile administrateur répara tous les désastres; grâce à son activité et à sa persévérance, le desséchement complet fut opéré en 1826.

Aujourd'hui cette partie de l'arrondissement offre le plus riche coup d'œil; de nombreuses exploitations remplacent des marais insalubres, et le cultivateur recueille avec usure, chaque année, le prix de ses travaux.

L'administration générale des Moëres est

confiée par les propriétaires à une commission qui surveille et dirige tous les travaux.

Vallée de la Scarpe.

Cette vallée, qui s'étend depuis Douay jusqu'au confluent de la Scarpe, à Mortagne, a un développement de 4 myriamètres 8,000 mètres. L'époque précise des premiers travaux de desséchement est inconnue ; on sait seulement qu'ils furent entrepris par des communautés de religieux.

Les terres comprises dans cette vallée se divisent en deux sections, la section de Marchiennes et celle de Saint-Amand ; chacune d'elles est administrée par une commission composée de 5 membres nommés par les trente principaux propriétaires et renouvelée, chaque année, par cinquième. Un conducteur est chargé, dans chaque section, de rédiger les projets de travaux d'entretien et d'en suivre l'exécution ; ces travaux sont surveillés par des ingénieurs des ponts et chaussées.

Marais de l'Épaix et du Bruay.

Le marais de l'Épaix est situé sur le territoire extérieur de la ville de Valenciennes, dans l'angle formé par l'Escaut et la ville de

Saint-Amand ; celui du Bruay, dans la commune de ce nom , lui est contigu : tous deux offrent une surface de 337 hectares. En 1824, il s'est formé une association pour le complet desséchement de ces marais. L'administration en est confiée à une commission composée de 5 membres nommés par les trente plus riches propriétaires de l'association. Cette commission est renouvelée tous les ans par cinquième. L'ingénieur de l'arrondissement est chargé de rédiger les projets de travaux ; un conducteur en suit l'exécution.

DES ENGRAIS.

Les engrais dont on fait usage dans le département du Nord peuvent être divisés en engrais solides et en engrais liquides : à la première catégorie appartiennent le fumier d'étable, le fumier de ville, le parcage des moutons, les tourteaux, la colombine, les cendres végétales, la suie, les cendres pyriteuses et les composts ; la seconde catégorie comprend les urines et la courte graisse.

§ Ier. ENCRAIS SOLIDES.

1. *Fumier d'étable.*

Dans la plupart des arrondissements, la litière se compose de paille de blé, d'orge ou d'avoine, et des tiges de colza ou de cameline, qu'on laisse plus ou moins longtemps s'imprégner des matières excrémentitielles et se décomposer sous les animaux. En général, le fumier de vaches reste quinze jours dans l'écurie; le fumier de cheval est enlevé à la fin de chaque semaine, et l'on a soin d'ajouter tous les jours une litière fraîche à celle du jour précédent; les bergeries sont vidées tantôt tous les mois, tantôt seulement trois ou quatre fois pendant l'année : le fumier qui en provient est déposé dans un lieu séparé; les autres engrais sont mélangés ensemble.

Dans le plus grand nombre des fermes, aussitôt après la sortie de l'étable ou de l'écurie, le fumier est jeté, sans ordre, au milieu de la cour, dans une fosse de 975 mill. à 1 m. 299 mill. de profondeur, qui présente, en général, l'aspect d'une cuvette. De cette disposition vicieuse, il résulte que les eaux pluviales aboutissent à ce point central, baignent le fumier outre mesure et empêchent la fermentation de s'y développer ; d'un autre côté, lorsque le moment est venu de transporter le fumier sur les champs, il arrive souvent, dans les années pluvieuses, qu'on ne charrie qu'une litière lavée de ses principes fertilisants. Ce mode imparfait se rencontre chez presque tous les cultivateurs ; ce n'est que chez un petit nombre de propriétaires, et notamment dans l'exploitation de M. Jullien Lefebvre, à Hem-lès-Lannoy, et dans celle de M. le baron de Bouteville, à Hornaing, que j'ai vu le fumier préparé d'une manière judicieuse. La cour, dans ces deux fermes exemplaires, est nivelée dans toute son étendue ; le fumier, disposé par couches régulières, forme des cubes de 975 mill. à 1 m. 299 mill. d'élévation sur 1 m. 624 mill. à 1 m. 949 mill. de largeur ; au pourtour de l'emplacement règne un rebord destiné à contenir le purin qui s'échappe du tas, et à maintenir le pied du fumier dans une humidité constante. M. de Bouteville et quelques autres cultivateurs éclairés arrosent leurs fumiers avec du purin, lorsque le temps se met à la sécheresse ; quelques-uns mêlent aussi de la chaux à leurs fumiers.

Les fumiers sont charriés sur les terres,

dès que celles-ci sont en état de les recevoir ;
jamais ils n'y restent amoncelés, comme cela
a lieu dans la plupart de nos départements.
Ici tous les cultivateurs pensent que rien ne
nuit plus au fumier que de rester en tas, exposé des journées entières à l'action de l'air,
de la pluie et du soleil ; aussi ont-ils soin de
l'épandre de suite et de l'enfouir aussitôt par
un labour léger : il n'y a que les cultivateurs
négligents qui suivent le procédé contraire.

Quant à la proportion de fumier qu'on
applique aux récoltes, elle varie suivant le
genre de plantes et le mode d'assolement
adoptés par les cultivateurs. Dans l'arrondissement de Dunkerque, sur les terres clitreuses, j'ai rencontré des fermiers qui mettent
10 voitures de fumier, pesant chacune
2,250 kilog. par mesure de 44 ares 4 cent.

Dans l'arrondissement de Lille, M. Weymelle emploie 64 voitures, pesant chacune 2 à
2,250 kilog. par bonnier (1 hectare 44 ares
87 centiares). A Wandignies, arrondissement
de Douay, M. Ducouvent applique par hectare
30 à 35 voitures de fumier d'étable, pesant
chacune 2,000 kilog. M. Gruyelle, à Coutiches, fume dans la proportion de 48 voitures,
pesant chacune 2,250 kilog., par rasière de

47 ares. M. Baucq, au Faux-Viviers, met de
25 à 30 voitures de fumier gras sur ses betteraves. Dans l'arrondissement de Valenciennes,
M. Legrand, à Rosult, met 40 voitures de
fumier, pesant chacune 1,500 kilog. par
bonnier (1 hectare 20 ares 72 centiares).
M. Hamoir-Boursier, à Sautain, met de 8 à
10 voitures, pesant chacune 2,500 kilog., par
mencaudée de 23 ares. La cour où son fumier
est déposé présente une disposition remarquable : l'emplacement est en cuvette; mais vers
le milieu se trouve une pente par laquelle le
liquide se rend dans une citerne, dont il est
séparé par une vanne qu'on lève lorsque les
pluies sont trop abondantes. Les bêtes à cornes
restent, nuit et jour, sur le fumier. MM. Blanquet et Harpigny, à Famars, mettent 6 à
7 voitures, pesant chacune 2,500 kilog. par
mencaudée (23 ares).

Dans l'arrondissement d'Avesnes, on fume,
en général, dans la proportion de 30,000 kilog.
par hectare. Un grand nombre de cultivateurs
préfèrent employer le fumier pendant qu'il est
frais ; cependant ils n'en font point un pré-
cepte absolu pour tous les cas : ils se règlent,
à cet égard, d'après l'état des terres et le genre
de récoltes qu'ils leur confient.

2. *Fumier de ville.*

On désigne sous ce nom les boues et les débris de toutes sortes, recueillis dans les villes, et que le cultivateur emploie après les avoir soumis à une préparation particulière. En général, celle-ci se borne à attendre que les boues aient subi une certaine fermentation, et que l'hydrogène sulfuré qu'elles renferment soit entièrement dégagé. Le plus grand nombre des cultivateurs s'en servent après les avoir laissées longtemps reposer ; ce n'est que par exception que plusieurs d'entre eux hâtent la décomposition de cette espèce de fumier, en y mêlant de la chaux et en brassant la masse à plusieurs reprises.

Le fumier de ville, inconnu ou négligé dans plusieurs localités du département du Nord, est extrêmement recherché à Lille, et surtout à Dunkerque. Dans cette dernière ville, l'enlèvement des boues, mis en adjudication, a été concédé, moyennant une somme de 2,500 fr., à M. Coclin, l'un des plus habiles engraisseurs de bestiaux du département. Son matériel représente une valeur de 30,000 fr. ; il consiste en 24 tombereaux et 10 tonnes ou bacs, contenant chacun 1,200 à 2,000 litres. La manière dont il prépare cet engrais est la suivante : le fumier de ville est stratifié ; entre chaque lit de boues de ville on met une couche de fumier provenant de bêtes à l'engrais, mélangé avec une certaine quantité de sable de mer, de manière que ce dernier entre pour un tiers dans la masse de chaque tas. Les boues de ville se composent de débris de poissons, de vases, de résidus d'égouts et de matières végétales. Le fumier, ainsi disposé et mélangé par couches alternatives, est arrosé tous les jours avec des urines chargées de matières fécales et provenant des fosses d'aisance de la ville. Au moyen de ce stimulant énergique, le fumier fume dès le huitième jour, et pourrait être employé sans inconvénient dès cette époque ; il est entièrement fait au bout d'un mois, et, en général, on n'attend guère au delà pour le conduire sur les terres. M. Coclin estime que le fumier de ville perd la moitié de sa valeur si on l'attend pendant un an ; il le vend en gros, au prix de 8 fr. le bacot, pesant 3,000 kilog., à des marchands de Bergues, qui le revendent en détail. Les fermiers traitent avec ceux-ci ; ils viennent chercher le fumier dans leurs chariots pendant les mois de juin et de juillet, le payent 12 fr. le bacot et le déposent le long des routes ou du canal, moyennant un droit de 50 centimes par tas. Les petits cultivateurs le placent sur un coin de leurs champs jusqu'à ce qu'ils puissent l'utiliser; ils ne l'achètent souvent qu'au moment où leurs terres sont préparées pour le recevoir.

Cet engrais, extrêmement énergique, s'exporte jusqu'à Saint-Omer et Cassel ; il doit ses propriétés non-seulement à la préparation soignée que lui donne M. Coclin, mais encore aux matières premières qu'il emploie à sa confection : des vidanges, des débris de poissons, des boues fermentées, du sable de mer et des substances végétales se trouvent mélangés de la manière la plus heureuse avec un fumier gras, provenant de bestiaux engraissés avec des résidus de distillerie; de simples composts de chaux et de fumier ne donneraient pas les mêmes résultats. M. Coclin vend, chaque année, 3 à 4,000 bacots de fumier de ville; cet engrais agit pendant 3 ou 4 ans; ses effets sont plus sensibles sur les terres clitreuses du pays au bois que sur les terres du pays à watteringues.

3. *Parcage des moutons.*

Le parcage n'est pas généralement répandu

dans le département du Nord ; la division des propriétés s'oppose à ce qu'on y tienne des troupeaux de moutons un peu nombreux, les seuls, cependant, qui rendent cette branche d'économie rurale profitable, puisque les frais sont d'autant plus considérables que le troupeau compte moins de bêtes.

Les parcs, dans le département du Nord, sont formés par des lattes ou des claies de 3 m. 898 mill. de longueur ; on les renouvelle ordinairement une fois pendant la nuit : deux coups de parc dans la même nuit constituent une faible fumure ; on ne laisse le troupeau sur la même place pendant toute la nuit que lorsque l'on veut appliquer une fumure extraordinaire à un terrain épuisé.

Les troupeaux, prennent le parc depuis la fin d'avril jusqu'au 15 novembre ; on les y fait entrer, dans la belle saison, vers les huit heures du soir jusqu'au lendemain matin neuf heures ; dans l'automne, les moutons entrent au parc un peu avant que le soleil se couche. En général, on attend que la rosée soit dissipée pour faire sortir les bêtes, parce que, sans cette précaution, la voracité avec laquelle les animaux se jettent sur une nourriture humide leur serait très-préjudiciable ; on a soin également de les mettre en mouvement chaque fois qu'on donne un coup de parc, afin qu'ils se vident en changeant de place.

Dans la plupart des cas, on donne un labour léger au sol avant de le faire parquer, et l'on enterre le plus tôt possible, à l'aide d'un coup de binot, les engrais qui y ont été déposés. Quelques cultivateurs, dans des terres légères, se trouvent bien de ne donner le parcage qu'après avoir enterré la semence; cette méthode est suivie surtout pour les céréales de printemps et les pommes de terre. On n'a point remarqué que l'engrais laissé ainsi à nu sur le sol, pendant un certain temps, éprouvât une déperdition notable.

Les effets du parc se font sentir pendant deux années, lorsqu'on change une fois les bêtes de place pendant la nuit. Cette sorte de fumure est regardée partout comme très-énergique; on l'applique, de préférence, aux plantes dont la végétation est très-prompte, comme le colza.

D'après plusieurs cultivateurs, le parcage, appliqué aux céréales d'hiver, produit une augmentation de paille; on sait, en outre, que les pièces de terre où les troupeaux ont séjourné sont toujours plus propres que celles qui n'ont pas été parquées. Néanmoins, malgré ces avantages, il y a des cultivateurs qui se trouvent mieux de faire rentrer leur troupeau, chaque soir, à la bergerie, plutôt que de le laisser parquer ; parmi ceux-ci, nous citerons M. Hamerelle aîné, à la Grande-Synthe. Cet habile cultivateur ne parque pas ; son troupeau rentre, chaque soir, à la bergerie. La grande quantité de paille qu'il récolte lui permet de changer de litière tous les deux jours ; il vide ses bergeries deux fois par an, en avril et en octobre, et il obtient de la sorte un fumier de première qualité dont les effets se font sentir pendant trois ans.

4. *Tourteaux.*

Dans un département où les huileries de colza, d'œillette, de lin sont si multipliées, les tourteaux ou résidus de la fabrication devaient jouer un rôle important par rapport à l'économie rurale, aussi la plupart des arrondissements en font-ils un grand usage ; leur utilité, comme engrais, est depuis longtemps appréciée.

Les tourteaux s'emploient tantôt seuls, tantôt avec d'autres substances : dans le premier cas, on a soin de les réduire en poudre ;

dans le second cas, on les mêle, sans les rompre, avec du purin, de la matière fécale, et l'on a soin alors de brasser le tout à différentes reprises, afin que les tourteaux se fondent promptement et hâtent ainsi la fermentation des liquides dans lesquels ils sont plongés : quelquefois aussi on mélange les tourteaux avec du fumier par couches alternatives; mais ce procédé ne doit être considéré que comme exceptionnel.

Les tourteaux de cameline, d'œillette et de chènevis sont des engrais chauds, aussi leur effet ne dure-t-il qu'un an; ceux de colza et de lin, au contraire, réputés froids, font sentir leur action pendant deux années.

Les tourteaux de camomille sont considérés comme ayant la propriété d'éloigner les insectes.

Les tourteaux de colza sont ceux qu'on applique le plus souvent aux récoltes. Chaque tourteau pèse 1 kilogramme; on en met 12 à 1500 par hectare; ceux de lin, d'un prix plus élevé, sont généralement réservés pour l'engraissement du bétail.

Tous les tourteaux, lorsqu'ils sont employés seuls, sont semés à la volée : on pense généralement qu'ils n'agissent d'une manière utile que lorsque la pluie les a mis en contact avec les racines des plantes; leur application aux céréales d'hiver, dans les premiers jours du printemps, a pour but principal de relever la vigueur des plantes qui ont souffert de la mauvaise saison.

Pour répandre les tourteaux mélangés avec des urines et du purin, on transporte cet engrais demi-liquide sur un chariot et on le répand sur les champs, sous forme de pluie, à l'aide d'une sorte d'écuelle pourvue d'un long manche. Du reste, sous quelque état que l'on emploie les tourteaux, on les sème en couverture par-dessus les récoltes, ou bien on les enfouit légèrement par un coup de herse.

5. *Colombine.*

La colombine n'est produite qu'en petite quantité dans le département du Nord, plusieurs arrondissements n'ayant pas de pigeons et le nombre des volailles étant, en général, fort limité; les arrondissements de Valenciennes, Cambray et Avesnes sont les seuls où cette espèce de fumier soit, dans chaque ferme, un objet de quelque importance, les cultivateurs des autres localités le tirent du Pas-de-Calais.

La colombine ne s'emploie qu'en poudre; pour cela, on la concasse dans une machine à broyer, ou bien on la brise au moyen du fléau; répandue au printemps sur les semailles, elle produit les effets les plus énergiques et redonne promptement de la vigueur aux plantes languissantes. On choisit, autant que possible, un temps calme et humide pour la semer; quelquefois on la recouvre par un trait de herse, mais le plus souvent on la laisse, sans préparation aucune, à la surface du sol. On croit qu'elle n'agit d'une manière utile que lorsqu'il vient à pleuvoir peu de temps après qu'on l'a semée; par un temps de sécheresse continue, elle reste inerte ou même elle brûle les récoltes. La haute valeur de la colombine, jointe aux difficultés de s'en procurer une quantité un peu considérable, rend son emploi fort restreint; on l'applique de préférence au lin dans la proportion de 2,000 kil. par hectare.

La ville de Saint-Amand fait un grand commerce de cet engrais; mais, depuis plusieurs années, les cultivateurs se plaignent qu'on falsifie la colombine en y mêlant de la terre.

6. *Cendres végétales.*

On se sert de quatre espèces de cendres végétales pour fumer les terres dans le département du Nord; ce sont les cendres de bois, les cendres de tourbe, les cendres de houille et les cendres de mer, connues aussi sous le nom de cendres de Hollande.

Rarement dans le Nord on emploie, comme engrais, la cendre de bois à l'état pur, c'est-à-dire non lessivée; cette matière est trop précieuse, et l'on n'en possède jamais qu'une quantité trop faible pour l'appliquer à l'économie rurale; on la réserve, en général, pour la lessive. Celle qui a subi cette opération, bien que très-inférieure à la première, produit encore d'excellents résultats sur les prairies; une de ses propriétés les plus marquées est de faire disparaître la mousse qui, bientôt après, se trouve remplacée par des vesces, des trèfles et du lotier (*lotus corniculatus*); sur les sols argileux, elle corrige le principe acide et elle agit encore mécaniquement en rendant la terre meuble. On répand la cendre lessivée à la volée dans la proportion de 40 à 50 hectol. par hectare; on regarde comme essentiel de la conserver bien sèche, car, sans cela, elle perd la plupart de ses propriétés. Beaucoup de cultivateurs pensent que les effets de la cendre se font sentir pendant plusieurs années, notamment sur les sols argileux et humides. En général, on la répand à la main ou avec une pelle, au printemps, sur les récoltes déjà levées, et l'on attend, pour cela, que les premières chaleurs se soient fait sentir : cette condition parait même tellement importante à plusieurs cultivateurs, qu'ils tiennent l'action de la cendre pour nulle si l'on devance cette époque. On aime qu'elle reçoive une pluie peu de temps après avoir été semée ; si la sécheresse se prolonge, la cendre n'agit point ; on l'enfouit par un hersage très-léger, ou, plus ordinairement encore, on la laisse à nu sur le sol.

La cendre d'œillette est regardée, par les cultivateurs du Nord, comme la première de toutes en qualité ; et, en effet, c'est celle qui contient le plus de potasse : son traitement et son emploi sont les mêmes que ceux des cendres lessivées ; on l'applique souvent aux récoltes de lin et de tabac.

Les opinions sont très-partagées à l'égard des cendres de tourbe : les uns les considèrent comme aussi bonnes que les cendres lessivées, les autres, au contraire, les estiment de peu de valeur : cette divergence s'expliquerait peut-être par la nature des différentes espèces de tourbe qu'on emploie. Les cendres de tourbe réputées les meilleures sont d'un blanc d'argent et très-légères ; on a remarqué que leurs qualités étaient en raison inverse de leur pesanteur. D'après plusieurs cultivateurs, elles ne produisent de bons effets sur les prairies qu'autant que celles-ci ne sont ni trop sèches ni trop humides, celles qui sont infestées de mousse (*hypnum*), de laîches (*carex*) et de joncs (*juncus*) profitent peu de cette fumure ; en revanche, les pois, les trèfles, le lin, la navette s'en trouvent bien. Dans certaines localités du nord, voisines de la Belgique, l'utilité des cendres de tourbe, par rapport au trèfle, est si bien reconnue, qu'on dit proverbialement que celui qui achète des cendres pour sa pièce de trèfle fait un bon marché, et que celui qui s'en dispense en paye deux fois le prix ; on les répand au printemps dans la proportion de 30 hectolitres par hectare. Dans l'arrondissement de Dunkerque, on en met 6000 kilog. par mesure de 44 ares 4 centiares ; à Haubourdin, près de Lille, on croit qu'elles n'agissent que lorsqu'il survient une pluie peu de temps après la semaille, parce que, sans cela, les rosées finissent à la longue par les altérer : leur action est nulle par la sécheresse. Dans l'arrondissement de Douay, plusieurs cultivateurs sont dans l'usage de fumer, chaque année, leurs luzernes avec des cendres de tourbe ; ils en mettent environ 7,500 kilog. par hectare.

Les cendres de houille s'emploient tantôt en couverture, tantôt comme engrais à enfouir. Dans ce dernier cas, on remarque qu'elles ameublissent d'une manière surprenante les sols argileux, même les plus tenaces ; leur action se fait surtout sentir sur les pâturages ; on les applique encore avec succès aux pommes de terre, au seigle et au trèfle. On fume dans la proportion de 40 hectolitres par hectare. Les cendres de houille se répandent à la volée, soit à la main, soit à l'aide d'une pelle ; leur effet ne dure qu'un an.

7. *Cendres de mer.*

Les cendres de mer tirent leur dénomination d'anciennes tourbières recouvertes autrefois par les eaux de la mer qui les a saturées, et dont l'incinération développe les principes salins : ce sont les meilleures après les cendres d'œillette ; on les emploie dans la proportion de 30 à 40 tombereaux pesant chacun 2,000 kilog. par hectare. Presque toutes les cendres de mer dont on fait usage dans le département du Nord proviennent de la Belgique (Flandre occidentale) et de la Hollande.

8. *Suie.*

La suie agit à la fois comme engrais et comme stimulant; de tous les fumiers qu'on puisse appliquer aux prairies, c'est le plus énergique; il y détruit en peu de temps la mousse et les autres plantes parasites; son action sur les trèfles est aussi très-efficace. Beaucoup de cultivateurs pensent que ses effets sont plus sensibles sur les terrains secs que dans les sols argileux ou humides; répandue sur les céréales au printemps, elle les fait promptement reverdir. M. Weymel, à la Chapelle-les-Armentières, préfère ne l'appliquer sur ses blés d'hiver que lorsque ceux-ci sont couverts de neige; il trouve qu'elle est plus nuisible qu'utile au blé lorsqu'on l'emploie d'une autre manière. Son expérience s'accorde en ce point avec l'opinion de la plupart des cultivateurs, qui croient que la suie ne produit de bons effets qu'autant qu'elle reçoit une pluie peu de temps après avoir été semée; on la répand quelquefois seule, mais le plus souvent mélangée avec de la terre ou de la chaux ; dans ce dernier cas, on en met ordinairement 1 hectolitre et demi par hectare.

9. *Cendres rouges ou pyriteuses.*

Ces cendres se rencontrent dans l'arrondissement d'Avesnes. Extraites du sol et mises en tas à la surface, elles s'échauffent, puis s'enflamment au contact de l'air, et, de noires qu'elles étaient, deviennent rougeâtres.

Leur emploi a lieu principalement sur les plantes de la famille des légumineuses, comme le trèfle, la luzerne et sur quelques crucifères, telles que le colza, la navette. Leur effet est très-sensible sur les prairies. Celles qui sont mouilleuses voient bientôt disparaître, au moyen de cet engrais, les joncs, les laîches et les renoncules, qui font place alors aux meilleures graminées, ainsi qu'à plusieurs espèces de trèfle fort estimées, notamment au trèfle blanc (*trifolium repens*). Les prairies sèches, fumées avec des cendres pyriteuses, souffrent moins des hâles et de la chaleur, probablement parce que le développement rapide que prend l'herbe et sa végétation serrée y conservent une humidité toujours prompte à s'évaporer. Sur les sols argileux tenaces les cendres pyriteuses agissent mécaniquement en les ameublissant et en les disposant à recevoir toute espèce de céréales. On les répand dans la proportion de 6 à 8 hectolitres par hectare; sur les prairies on ne met que moitié de cette quantité. L'action des cendres pyriteuses ne se continue pas au delà d'une année; on a reconnu qu'il y avait plus d'avantages à les alterner tous les ans sur la luzerne et les pâtures avec des fumiers pailleux ou des composts.

10. *Composts.*

L'usage des composts est loin d'être général dans les arrondissements du département du Nord ; on peut même dire qu'on ne l'y rencontre que par exception et seulement encore dans les localités où les terres sont très-divisées et où la main-d'œuvre est tenue pour nulle.

La commune de Flines, dans l'arrondissement de Douay, est une de celles où les composts vont toujours de pair avec le tas de fumier. Ce dernier présente ordinairement une disposition vicieuse ; le liquide finit par s'échapper de la masse et se perdrait sans profit pour l'agriculture, si la pente naturelle du terrain ne l'amenait dans une fosse creusée au devant de la maison et qui sert à préparer le compost. On y entasse toutes les mauvaises herbes, les balayures, les issues de cuisine, les débris pailleux, les déchets de la grange et surtout les gazons. Toutes ces matières, continuellement imprégnées de purin et fortement pressées, entrent promptement en fermentation; à mesure que la fosse se remplit, on foule davantage les substances qu'elle renferme, et lorsque enfin elle se trouve tout à fait comblée, on détourne les eaux du fumier et on les conduit, au moyen d'une petite rigole, dans une seconde fosse contiguë à la première, et que l'on remplit de la même manière. Dès qu'une fosse est suffisamment décomposée, ce qui a lieu ordinairement après un laps de 6 ou 8 mois, on enlève, à la pelle, les matériaux qui y ont été jetés, et on les réunit sur le sol en un cube plus ou moins allongé, jusqu'à ce qu'on les transporte sur les terres.

Cette pratique, suivie par la plupart des petits colons de Flines, exige une main-d'œuvre considérable : mais ici les bras ne coûtent rien ; le point important est de se procurer des engrais par tous les moyens possibles , puisque la seule vache que possède, en général, le métayer ne suffit pas à ses besoins. Obligé , par suite du prix excessif auquel il loue ses deux ou trois arpents de terre , de faire usage de toutes ses ressources , il envoie ses enfants ramasser, le long des routes, le fumier qu'y déposent les bestiaux de passage ; sa femme coupe les herbes auprès des champs , et le soin scrupuleux que tous mettent à recueillir les moindres débris propres à faire du fumier permet à l'exploitation de marcher à l'aide des seuls engrais produits par une ou deux têtes de gros bétail; la main-d'œuvre fait le reste.

Ces sortes de composts ne sont employés que dans un état de décomposition absolue : on les répand à la main sur les lins , le colza et les pommes de terre.

Dans les grandes fermes des autres arrondissements , on ne trouve guère de composts que chez les fabricants de sucre cultivateurs; ceux-ci ont recours à cette préparation coûteuse afin d'utiliser des matières précieuses qu'on ne peut mélanger avec les autres fumiers. C'est ainsi que chez MM. Blanquet et

Harpigny, à Famars, les composts consistent en cendres de houille , en débris de pulpe et en écumes de défécation ; l'engrais qui en résulte possède une telle énergie qu'on ne pourrait l'appliquer aux céréales sans s'exposer à les voir verser ; on le réserve pour les betteraves.

M. Hamoir-Boursier, à Sautain , forme ses composts avec des cendres de houille , des décombres, des vases de fossés et de la chaux, le tout disposé par couches alternatives. Les effets de cet engrais se font sentir pendant trois ans.

Dans plusieurs fermes de l'arrondissement d'Hazebrouck et de Dunkerque , on est dans l'usage de peler les gazons qui bordent les routes , et l'on place une couche de chaux entre deux lits de gazons disposés de telle sorte que le gazon de la couche inférieure ait l'herbe en haut et celui de la couche supérieure l'ait en bas ; les autres couches de gazon et de chaux sont rangées de la même manière jusqu'à la hauteur de 1 mètre 299 mill. à 1 m. 624 mill. : on se trouve très-bien de cette pratique. Quelques cultivateurs soigneux ajoutent encore de l'eau de mare à leur compost : pour cela ils font un trou vers le milieu du tas et y versent le liquide ; la fermentation qui s'opère alors dans les tas de gazon permet d'employer le compost trois mois plus tôt qu'en le traitant simplement par la chaux. L'usage le plus général, dans le département du Nord, est d'appliquer les composts aux pâtures et aux prairies naturelles ; cette sorte de fumure se fait sentir pendant 5 ou 6 ans ; ses effets sont d'autant plus remarquables que le sol est plus léger.

Les boues de ville mélangées, par M. Coclin, avec du fumier et du sable de mer constituent de véritables composts qui l'emportent sur de simples composts de gazons, et ne le cèdent qu'aux fumiers provenant des cendres de houille, des écumes de défécation et des décombres mêlés avec des substances végétales.

§ II. ENGRAIS LIQUIDES.

A. *Urines*.

La plupart des fermes, dans le département du Nord, sont pourvues de réservoirs ou *pissotières* construits ordinairement sous les étables et dans lesquelles viennent se rendre les urines des bestiaux plus ou moins chargées de matières solides.

Tous les cultivateurs soigneux s'accordent à regarder cet engrais comme une des principales ressources de leur exploitation ; aussi, non contents de le recueillir chez eux, cherchent-ils encore à s'en procurer dans les villes. Une condition regardée comme essentielle dans l'emploi de cet engrais, c'est de n'en faire usage que lorsqu'il a déjà subi une certaine fermentation, laquelle a pour but de détruire ses principes corrosifs. Ainsi décomposées, les urines sont applicables à toutes les récoltes et particulièrement aux carottes, aux pommes de terre, au lin. Les opinions diffèrent sur le temps auquel il convient de répandre les urines. Le plus grand nombre des cultivateurs pense qu'il faut choisir un temps humide ; plusieurs agronomes très-distingués, placés dans les mêmes conditions, soutiennent le contraire. Ainsi M. Ducouvent, à Wandignies, a reconnu, par expérience, que les urines brûlent les récoltes lorsqu'on en arrose le sol pendant la rosée ; mises, au contraire, par le plein soleil, les plantes semblent d'abord dépérir, mais, au bout de quelques jours, on les voit renaître avec une nouvelle vigueur : leur emploi le plus fréquent, dans le département du Nord, consiste à les répandre, au printemps, sur les céréales qui ont souffert de l'hiver ; on a remarqué que leur effet, à cette époque, était presque instantané lorsqu'il survenait un temps doux, tandis qu'il était comme neutralisé par le froid. Suivant qu'on veut donner une fumure plus ou moins forte d'engrais liquide, on fait passer une ou deux fois, d'un pas lent ou pressé, la voiture chargée du tonneau d'urines. Son action ne s'étend pas au delà d'une année, à moins qu'on ne l'applique aux pâtures ou aux prairies, auquel cas celles-ci s'en ressentent pendant trois ou quatre ans, quand elles sont, du reste, tenues avec soin.

B. *Courte-graisse.*

La courte-graisse est le produit des fosses d'aisance ; les cultivateurs du Nord la regardent tous comme l'engrais le plus énergique : en général, on la tire des grandes villes, et particulièrement de Lille, dont le territoire lui doit, en quelque sorte, sa fertilité. Chaque cultivateur, dans cet arrondissement, possède, près de sa ferme ou sur le bord de son champ le plus voisin de la route, une ou plusieurs caves en briques, ou bien des fosses creusées dans un sol argileux et recouvertes de planches. Chaque cave présente deux ouvertures , l'une vers le milieu de la voûte, l'autre sur l'une des parties latérales : la première sert à introduire les matières fécales et à les extraire, elle se ferme par un volet portant cadenas ; la seconde est destinée à donner accès à l'air.

Toutes les fois que les travaux de la ferme le permettent , le cultivateur envoie ses beignots (1) chargés de tonneaux à la ville pour en rapporter des vidanges de latrines ; chaque tonneau contient environ 125 litres de matière fécale; à mesure que les voitures arrivent, on vide les tonneaux dans la cave ou dans la fosse, et l'on attend que la fermentation se soit manifestée avant d'employer l'engrais.

Si la matière est trop liquide, on y mêle des tourteaux de colza, d'œillette ou de camomille , et l'on remue de temps en temps ce mélange à l'aide de grandes perches. Est-elle trop épaisse, ce qui arrive rarement depuis que les vidanges forment une partie du profit des servantes dans les villes, et que celles-ci y jettent des issues de lessive afin d'en aug-

(1) Espèce de chariot particulier au département du Nord.

menter le volume, on la délaye avec de l'eau ou, mieux encore, avec des urines de bestiaux.

C'est principalement sur le lin, le colza, l'œillette et le tabac qu'on emploie la courte-graisse; on la répand avant ou après les semailles, souvent aussi après le repiquage. Dans le premier mode, peu de jours avant d'arroser le terrain, on donne un labour, on passe ensuite la herse et le rouleau à différentes reprises, afin que la terre soit bien meuble et bien nivelée, et l'on charrie ensuite l'engrais. A l'une des extrémités de la pièce se trouve une cuve d'un quart de mètre cube environ; un carton y verse un tonneau de courte-graisse, un ouvrier répand alors le liquide à 7 mètres environ autour de lui, au moyen d'une poche en bois garnie d'une perche de 2 à 3 mètres de longueur. La cuve vidée, le carton la transporte plus loin, le tombereau avance alors de quelques pas; on verse de nouveau la courte-graisse dans la cuve, on la répand comme il vient d'être dit, et l'on continue ainsi de suite l'opération jusqu'à ce que l'on soit parvenu à l'extrémité de la pièce. (Il est bon d'observer ici qu'aux environs de Lille, tous les champs sont labourés en planches de 4 ou 5 mètres. Certains cul-

tivateurs, peu de temps après que la surface
du champ a été arrosée, font passer la herse
pour recouvrir légèrement l'engrais; mais la
plupart regardent cette précaution comme
superflue, les matières liquides étant promptement absorbées par une terre parfaitement
ameublie.

Aux environs de Lille, on emploie la courte-
graisse dans la proportion de 130 à 160 tonneaux, contenant chacun 125 litres par bonnier (1 hectare 44 ares 87 centiares).

La méthode que l'on suit pour répandre la
courte-graisse sur les plantes repiquées de
colza ou de tabac n'est pas la même à l'égard
de l'une et l'autre récolte. Pour le colza, on se
contente de répandre l'engrais, sous forme
de pluie, au moment où la végétation s'ap-
prête à partir, au printemps; quant au tabac,
un ouvrier fait, avec un plantoir, un trou
près du pied de chaque plante; un autre ouvrier y verse une cuillerée d'engrais sur laquelle il rabat un peu de terre avec son pied.

Rien de plus énergique que la courte-
graisse. Répandue avant les semailles, elle fait
germer la graine dans l'espace de quelques
jours, et fournit de suite une nourriture parfaitement appropriée à la délicatesse de ses

organes développés ; jetée sur les plantes en végétation, elle les ranime, leur communique une grande vigueur et leur conserve de la fraîcheur, même par les fortes sécheresses.

Cette sorte de fumure n'agit que sur la récolte de l'année. Nul cultivateur, dans le Nord, n'a remarqué que la courte-graisse communique un mauvais goût aux plantes qui s'en nourrissent : tous, au contraire, se louent de son emploi.

—

DES AMENDEMENTS.

Les principaux amendements dont on se sert, dans le département du Nord, sont le chaulage, le marnage, le plâtrage et l'écobuage.

1. *Chaulage.*

L'emploi de la chaux est généralement répandu dans le département du Nord, surtout dans les arrondissements de Dunkerque et d'Hazebrouck, où les cultivateurs l'appliquent, depuis un temps immémorial, à leurs terres clitreuses. Les avantages du chaulage sont tellement appréciés dans ces contrées, qu'on le croit bon partout; il n'est regardé comme nuisible que dans les sols qui contiennent déjà l'élément calcaire en excès ; tous les autres terrains peuvent en recevoir une certaine proportion avec profit toutes les fois qu'on a soin de leur appliquer en même temps les engrais dont ils ont besoin. La chaux agit surtout sur les terres argileuses tenaces , sur les terrains tourbeux , sur les sols nouvellement défrichés ; elle ne produit de bons effets sur les sols mouilleux qu'autant que ceux-ci ont été préalablement assainis au moyen de rigoles et de fossés : sur les terrains dont l'aridité neutralise l'action du fumier , la chaux opère une métamorphose complète; ils deviennent propres à toutes les récoltes. Il en est de même des sols entièrement épuisés, la chaux leur rend la faculté de produire, ce qu'on ne peut espérer de l'emploi du fumier.

Mais , tout en reconnaissant que la chaux convenablement appliquée produit les plus heureux résultats, les cultivateurs du département du Nord conviennent aussi que l'usage irréfléchi de cet amendement amène souvent des résultats tout à fait opposés à ceux qu'on attendait. C'est ainsi que, suivant eux , quiconque chaule une glaise dépourvue d'humus s'expose à rendre le sol plus tenace qu'auparavant; mise sans engrais sur toute espèce de terrain, dans le but d'obtenir de plus riches récoltes sans dépense de fumier, la chaux achève de ruiner le sol par une production disproportionnée avec les forces de la terre.

On emploie la chaux de trois manières dans le département du Nord : non brûlée, récemment brûlée, ou bien éteinte depuis quelque temps.

Le premier mode n'est qu'exceptionnel, et l'on s'accorde à trouver que cette espèce de chaulage est, en définitive, la moins économique des trois, parce que la chaux non brûlée est extrêmement lente à se décomposer, et, partant, n'agit sur le sol que d'une manière imperceptible.

La chaux, récemment brûlée, au contraire, produit tous ses effets en fort peu de temps, et, par cela même, exige une grande précaution dans son emploi. Comme elle s'empare avec force des détritus accumulés dans le sol; elle a bien vite épuisé sa richesse s'il ne contient pas une grande quantité de débris organiques, et il n'est pas rare, dans ce cas, après une première récolte surprenante, de n'obtenir ensuite que des produits fort médiocres, sans compter les sacrifices énormes de temps et d'argent que le cultivateur se voit obligé de faire pour rendre à la terre sa vertu primitive. La chaux agit alors comme corrosif ; aussi l'applique-t-on rarement à cet état dans le département du Nord , si ce n'est sur les sols tourbeux , les terres depuis longtemps submergées et les bois nouvellement défrichés. Ses principaux effets, dans ces circonstances, consistent à désacidifier le sol et à mettre en mouvement , au profit de la végétation , les débris organiques qui sommeillaient dans le sein de la terre.

La chaux éteinte est celle dont on fait le plus d'usage chez les cultivateurs du Nord. On trouve, en général, que la chaux que l'on éteint est préférable à celle qu'on laisse s'éteindre d'elle-même par l'action de l'air ; cette dernière perd davantage de ses propriétés corrosives. Le procédé en vigueur est celui-ci. On dispose la chaux en tas , de manière que le milieu ait la forme d'un entonnoir ; on y verse de l'eau ou du purin, et l'on ferme l'entonnoir avec de la chaux prise à la circonférence du tas. Au bout de quelque temps, la chaux gonfle, se crevasse et se délite ; on remue alors la masse avec une pelle et on en forme un nouveau tas qu'on arrose une seconde fois s'il est nécessaire. L'opération se continue jusqu'à ce que toute la chaux soit bien délitée; ce but atteint, on la met à l'abri dans un endroit sec : cette dernière condition est regardée comme essentielle.

Dans l'arrondissement de Lille, on se sert de deux espèces de chaux : l'une est une pierre blanche, tendre et friable, l'autre provient d'une pierre bleue tirée des environs de Tournay et d'un grain plus serré ; la première ne dure guère au delà de cinq ans, la seconde agit pendant sept ans. La chaux dont les cultivateurs font usage, dans les arrondissements de Dunkerque et d'Hazebrouck, vient de Saint-Omer ; on lui donne généralement le nom de *marne*, mais à tort, car elle ne contient aucune proportion d'argile ; c'est un calcaire presque pur, d'une grande friabilité, et précisément celui qui convient le mieux aux terres fortes de ces localités. La chaux employée dans les arrondissements de Cambray et d'Avesnes est extraite des bancs calcaires qui traversent ces contrées.

Le mode le plus fréquent d'appliquer la chaux est de la mettre sur une éteule sans labour ; une fois conduite sur la pièce, un

carton la dépose par tas plus ou moins forts
et rapprochés, suivant le degré d'amendement
qu'on veut donner au sol ; un ouvrier la répand ensuite avec une pelle , en ayant soin
de la répartir aussi également que possible.
Cette opération n'est pas plutôt terminée ,
qu'on se hâte de l'enfouir par un labour très-
léger : la chaux, dans ce cas, tient lieu d'une
demi-fumure.

La quantité de chaux qu'on emploie n'est
pas la même partout. Dans l'arrondissement
de Dunkerque, on met dix voitures de chaux
pesant chacune 2 à 3,500 kil. par mesure de
44 ares 4 centiares ; on conduit la chaux sur
l'éteule d'une céréale , elle passe l'hiver
épandue à la surface du sol ; en février ou
mars, on l'enterre par un labour de 81 à
108 millimètres de profondeur, on herse le
terrain, on sème ensuite des fèves à la volée
et on les enfouit par un labour de 54 millimètres , de manière que la semence se trouve
entre deux lits de chaux ; ceux qui fument
pour les féveroles, et c'est le plus grand nombre, répandent le fumier vers la fin de l'hiver,
ils sèment ensuite les féveroles et ils enterrent le tout par un labour de 81 millimètres :
le fumier est toujours décomposé. Le chau-

lage se répète tous les neuf ou douze ans.

Dans l'arrondissement d'Hazebrouck, on chaule tous les neuf ans. La chaux est appliquée sur le chaume non labouré d'une céréale; on fait passer la herse et le rouleau pour achever de briser tout ce qui reste encore à l'état de bloc, et on l'enfouit par un premier labour très-léger; huit ou quinze jours après, on donne un second labour, qui a pour but d'opérer une liaison intime de la chaux avec le sol. On met environ 3o à 35 hectolitres de chaux par mesure de 30 ares.

M. Weymel, à la Chapelle-les-Armentières, près de Lille, chaule dans la proportion de 9 hectolitres par bonnier (1 hectare 44 ares 87 centiares); disproportion énorme avec les doses précédentes, mais qui s'explique par l'état d'ameublissement où le sol de l'arrondissement a été amené depuis longtemps à force de fumure et de labours profonds. A peine a-t-il répandu la chaux, qu'il se hâte de l'enfouir par un léger labour, parce que, suivant lui, la moindre pluie qui l'atteint, pendant qu'elle est à la surface du sol, lui fait perdre les trois quarts de sa valeur. Le chaulage, chez lui, dure de dix à quinze ans.

M. le baron de Bouteville, à Hornaing,

arrondissement de Douay, applique la chaux avec le plus grand succès sur ses terres sablonneuses. Au moyen de cet amendement et des nombreux engrais dont il dispose, il a opéré une révolution dans sa propriété : les terres, qui ne rapportaient autrefois que du seigle, se couvrent aujourd'hui de superbes récoltes de blé; celui-ci alterne souvent avec des betteraves. Il met environ 30 hectolitres de chaux par rasière de 45 ares.

M. Desmoutiers, à Vielly, arrondissement de Cambray, chaule dans la proportion de 100 hectolitres à l'hectare : le chaulage se répète tous les neuf ans.

C'est une opinion généralement reçue, dans le département du Nord, que l'application de la chaux, loin de dispenser de la fumure ordinaire qu'on donne aux terres, exige l'emploi rigoureux des engrais, toutes les fois que le sol ne contient pas un excès d'humus. Peu de cultivateurs, cependant, fument leurs terres l'année même du chaulage ; en revanche, ils n'y manquent jamais l'année suivante. D'après eux, la chaux mise dans le sol, avant l'hiver, agit déjà sur la première récolte ; mais son action n'est vraiment sensible que sur les récoltes subséquentes. On pense généralement que le terrain qui a été chaulé une fois doit l'être de nouveau lorsque les effets de la chaux ont disparu. L'usage le plus fréquent ici est de chauler tous les neuf ans : le retour plus éloigné de la chaux n'a lieu que chez les propriétaires ou chez les cultivateurs, en petit nombre, dont les baux s'étendent jusqu'à quinze ans. On trouve qu'après un chaulage énergique les fumiers gras sont ceux dont l'action est la plus favorable ; c'est pour cette raison que les tourteaux sont placés, dans ce cas, à la tête de tous les engrais. Viennent ensuite le fumier de vache, la courte-graisse, le fumier de mouton et, enfin, le fumier de cheval : les urines pures occupent le dernier rang.

On a remarqué que la chaux convenait surtout aux pommes de terre et aux œillettes venues dans les terrains tourbeux ; leurs produits et leurs qualités sont sensiblement accrus par cet amendement, pourvu qu'on donne en même temps les fumures nécessaires. Les pois et les vesces se trouvent aussi très-bien de la chaux ; elle produit de bons effets sur le trèfle, moindres cependant que si l'on eût plâtré ; sur les céréales, son action n'a pas été constatée par des expériences comparatives, mais on doute généralement qu'elle influe sur les récoltes de blé ; le colza et la navette paraissent donner une graine mieux nourrie ; les prairies sur lesquelles on répand la chaux se font remarquer par une herbe plus serrée dans le pied, circonstance qui s'explique aisément par les tiges de trèfle et de lotier qui ont succédé à la mousse, et qui suffisent parfois pour prolonger de quelques années la durée des prairies épuisées.

2. *Marnage.*

Le marnage, que la plupart des cultivateurs confondent avec le chaulage, n'est pratiqué que dans un petit nombre de localités du Nord, là seulement où l'on trouve de la marne ; dans les autres contrées, la substance qu'on y désigne sous ce nom est un calcaire dépourvu d'argile, qui, soumis à l'action d'un acide, fait simplement effervescence, mais ne se délite pas. Du reste, la rareté de ce précieux amendement est moins à regretter dans le département du Nord que partout ailleurs, à cause de la nature généralement argileuse du sol : les amendements calcaires étaient ici de première nécessité, aussi le cultivateur ne manque-t-il jamais de les faire venir, même de loin , lorsque sa localité ne peut les lui fournir.

Dans certaines communes où l'on applique la marne, on a coutume de la conduire, avant l'hiver, sur les chaumes de céréales que la charrue n'a point encore rompus ; on la répand à la surface du sol , dans la proportion de 220 hectolitres environ par rasière (45 ares), et on l'enfouit au printemps par plusieurs labours superficiels, en ayant soin préalablement d'y faire passer alternativement la herse et le rouleau , si les gels et dégels ne l'ont pas suffisamment pulvérisée. On ne fume ordinairement qu'à la seconde année , cet amendement étant considéré, en général, comme une demi-fumure. La première récolte obtenue après le marnage est presque toujours une céréale; quelquefois aussi , ce qui est bien préférable, lorsqu'on ne fume pas dans l'année même , une récolte sarclée , telle que des féveroles ou des pommes de terre.

Les quelques cultivateurs qui ont adopté l'usage de marner pensent qu'une terre à laquelle on a donné une fois cet amendement doit le recevoir de nouveau après un certain laps de temps. Ils croient que la marne, sur les terres fortes , se fait sentir manifestement pendant douze ans, mais qu'après ce temps son action va toujours s'affaiblissant. 15 ans sont considérés comme le terme rigoureux passé lequel le marnage doit être renouvelé sur les terres qui n'ont que peu de fond, on marne plus souvent, mais moins fortement chaque fois : on met environ 80 hectolitres par rasière de 45 arcs; le marnage revient alors tous les 9 ans. L'action de la marne est regardée comme plus sensible sur les terres de médiocre valeur que sur les bons terrains; c'est pourquoi la plupart des cultivateurs pensent qu'il est inutile de faire cette dépense pour ces derniers, à moins qu'ils n'aient été épuisés par une culture ruineuse ou qu'ils aient besoin d'être ameublis; encore, dans ce cas, préfèrent-ils le chaulage comme plus énergique et moins coûteux.

3. *Plâtrage.*

L'usage du plâtre est inconnu dans le Nord, par suite de sa rareté et de la dépense extrême que cet amendement occasionnerait si on le faisait venir même des carrières les plus rapprochées du département, c'est-à-dire de Paris : quelques propriétaires, cependant, en emploient parfois de petites quantités sur leurs trèfles ; mais ces exemples ne doivent être considérés que comme des essais d'amateurs éclairés et tout à fait sans utilité pour les cultivateurs qui ne peuvent faire de semblables sacrifices.

Le plâtre s'emploie généralement en poudre, soit qu'il ait été cuit ou qu'on s'en serve à l'état naturel ; on préfère cependant celui qui a subi l'action du feu, probablement parce qu'il est alors plus facile à pulvériser, condition essentielle pour sa réussite sur les plantes : on le répand dans la proportion de 2 à 3 hectolitres par hectare ; on choisit un temps calme pour le semer, et l'on préfère le moment où les plantes, en végétation, sont chargées de rosée.

On trouve que le blé qui succède à un trèfle plâtré est toujours plus beau que celui qui vient après un trèfle non plâtré. Sans nier d'une manière absolue l'action du plâtre sur les céréales, je serais tenté de croire qu'ici le blé confirme ce principe, d'accord avec les faits, qu'une récolte bien réussie est la meilleure préparation pour la récolte suivante : l'opinion de M. Cappon, propriétaire à Hazebrouck, donne un grand poids à mon assertion. Cet habile cultivateur a remarqué que le plâtre ne produisait aucun effet sur le blé ; en revanche, du trèfle plâtré a donné une première coupe fort abondante et une seconde bien supérieure à celle produite par un trèfle non plâtré. Suivant lui, le plâtre agit d'une manière notable sur le tabac, les choux, le colza et, en général, sur tous les végétaux pourvus d'une riche foliation.

La plupart des cultivateurs qui font usage du plâtre n'en ont obtenu aucun résultat sur des bas-fonds et des terrains froids ; son application, au contraire, a été fort avantageuse aux terres élevées et chaudes, mais qui ne contenaient qu'une faible proportion de calcaire. Également ils ont remarqué que l'action du plâtre était fortement influencée par l'état de l'atmosphère au moment où l'on applique l'amendement. Si le printemps est froid, le plâtre agit d'une manière insensible ; la chaleur et l'humidité réunies développent tous ses effets. Ils ont encore reconnu que la gelée, même la plus légère, arrête subitement l'action du plâtre, et l'empêche de se reproduire, même lorsque la température redevient favorable. Cette observation avait été déjà signalée par l'illustre Thaër.

IV. *Écobuage.*

L'écobuage, rarement usité dans le département du Nord , excepté dans quelques marais tourbeux et sur des coteaux de landes, n'est pratiqué que comme un moyen passager d'amender le sol tout en le fertilisant et non point comme la conséquence d'un système régulier. Le procédé d'écobuage que l'on y suit ne diffère pas de la méthode ordinaire. Au commencement de l'été, des ouvriers enlèvent avec le louchet une croûte de gazon de 162 mill. de largeur sur 80 à 110 mill. d'épaisseur; ils la divisent en tranches de 487 à 650 mill. de longueur, et, après l'avoir dressé symétriquement sur le sol par cubes plus ou moins allongés , ils attendent que l'air et le soleil aient absorbé toute son humidité. Lorsque le gazon et les racines sont bien desséchés, on en forme de petits tas placés à égales distances sur le sol et l'on y met le feu, dans le courant de septembre, de la même manière que les charbonniers préparent leur charbon. Le point essentiel est d'empêcher que la combustion ne marche trop vite ; pour cela on ferme avec soin toute entrée à l'air lorsque le feu est en pleine activité, et l'on visite de temps en temps les tas jusqu'à ce que l'incinération soit complète. Plus les tas de gazon brûlent lentement, plus on obtient de cendres ; celles-ci sont d'autant meilleures qu'elles sont plus sèches. Aussitôt donc que le feu a tout consumé, on répand les résidus à la pelle, en ne laissant aucune cendre à l'endroit où le brûlis s'est effectué ; on donne ensuite un fort hersage au sol pour enfouir l'engrais, ou bien on procède de suite aux semailles et on enterre le tout par un labour superficiel.

Les terrains tourbeux récemment écobués donnent les plus belles récoltes de lin, de colza et d'œillette ; les bons cultivateurs, après cette première récolte, placent une récolte sarclée et fumée qui précède immédiatement la céréale dans laquelle on sème le trèfle ; les autres abusent souvent de l'écobuage pour prendre plusieurs récoltes successives de grains.

—

ASSOLEMENTS.

Il est bien difficile, pour ne pas dire impossible, de déterminer d'une manière générale quels assolements sont suivis dans le département du Nord. Si l'on songe que l'adoption d'un système de culture dépend non-seulement de la connaissance parfaite du climat, de la nature du sol, des ressources que présente l'exploitation, mais encore des conditions particulières des baux et des circonstances locales qui entourent chaque cultivateur, on concevra sans peine que, dans **un** département où les engrais sont abondants, la main-d'œuvre généralement peu élevée, les voies de communication nombreuses et l'art de cultiver porté à un haut degré de perfection, personne ne s'assujettit à un assolement uniforme, et qu'on cherche, au contraire, à tirer le plus grand parti du sol en variant les différentes récoltes. Nous nous bornerons donc à rapporter ici les assolements les plus répandus dans le nord, en ayant soin de n'émettre que rarement nos propres observations sur quelques-uns de ces systèmes dont la critique ou l'éloge exigerait des études plus approfondies que celles auxquelles nous avons pu nous livrer dans un voyage bien rapide.

Arrondissement de Dunkerque.

Terres clitreuses :

    1° Jachère fumée ;
    2° Blé ou orge ;

3. Trèfle, fèves ou pois ;
4° Blé, 2/3, lin 1/3 ;
5° Avoine.

On a une sole de sainfoin en dehors de l'assolement sur les terres légères.

Dans une terre argilo-sablonneuse située près de la mer, on trouve :

1° Fèves fumées ;
2° Orge ;
3° Trèfle ;
4° Blé ;
5° Avoine, orge ou pois ;
6° Lin fumé avec tourteaux.

Il existe une sole de sainfoin et des pâtures en dehors de l'assolement.

Dans les terres légères on a :

1° Blé fumé ;
2° Sucrion ;
3° Trèfle avec demi-fumure :
4° Avoine ou pois ;
5° Sainfoin ;
6°   »
7°   »
8° Lin.

A la neuvième année, on recommence le cours en mettant d'abord des fèves, puis blé, trèfle, sucrion, pommes de terre et fèves fumées, blé et avoine.

Dans un sable presque pur, près de Loon, on trouve :

1° Sucrion fumé ;
2° Pommes de terre ou pois ;
3° Seigle fumé ;
4° Trèfle ;
5° Avoine ;
6° Lin fumé avec tourteaux.

Pâture et sainfoin en dehors de l'assolement.

On y rencontre encore :

1° Fèves ou pois ;
2° Sucrion fumé ;
3° Avoine ;
4° Trèfle ;
5° Lin fumé avec tourteaux.

Ce cours ne fournit que peu de paille, mais les fermiers en achètent aux cultivateurs du canton de Bourbourg.

Au fort Philippe, canton de Gravelines, chez MM. Anquié père et fils, existe l'assolement suivant :

1° Jachère fumée ou fèves ;
2° Sucrion ;
3° Pois ou hivernage ;
4° Blé ;
5° Trèfle cendré ou chaulé ;
6° Avoine ou quelquefois aussi blé.

Dans ce cas, on applique une demi-fumure au trèfle et l'on prend encore une avoine après le blé. La jachère ne revient pas forcément à la fin du cours; on ne l'emploie que lorsque le sol a besoin d'être ameubli et surtout nettoyé de mauvaises herbes.

La pratique de ces excellents cultivateurs mérite d'être détaillée ; leur sol est une bonne terre d'alluvion couverte autrefois par les eaux de la mer.

La jachère reçoit cinq ou six façons et une fumure consistant en douze voitures pesant chacune 250 kilog. par hectare. Le sucrion est semé en novembre sur vieux labour, enterré à la herse, puis rondelé (roulé) quand il fait sec. Au printemps, on le roule à deux reprises différentes, et, entre les deux opérations, on ploutre ou l'on herse si la terre n'est pas trop légère ; le sucrion est biné une fois et sarclé ensuite à la main. Les fèves reçoivent trois labours : le premier en août, de 81 à 108 mill. pour retourner l'éteule ; le deuxième en décembre et le troisième en mars ; elles sont plantées en lignes espacées de 333 mill. et placées à 54 ou 81 mill. les unes des autres dans les lignes. On sème sur labour frais et l'on recouvre le grain par un coup de charrue que l'on fait suivre d'un trait de herse et d'un tour de rouleau ; on bine deux fois les fèves, et même on les sarcle encore à la main vers le 15 juin si elles ne sont pas très-propres. Les pois ont

trois labours, en y comprenant celui de semaille, ou bien on ne donne que deux labours
et l'on enterre la graine à la houe ; dans tous
les cas, on herse et l'on rondèle aussitôt après
la plantation. Les raies sont à 325 mill. les
unes des autres ; on bine entre les lignes
quand les pois ont atteint 108 mill., et l'on
sarcle une fois les plantes. Le blé, après
fèves ou pois, reçoit deux labours ; quelquefois
on ne donne qu'un labour profond et l'on
herse avant de semer, mais la première méthode est préférée. On sème sur vieux labour
jusqu'à Noël ; le blé est enfoui par un hersage,
et aussitôt après, on ouvre des rigoles au moyen
du louchet et de la pelle. Au mois de mars, si
le temps le permet, on rondèle (roule), on
herse avec la petite herse et l'on roule de nouveau ; on *braque* ensuite le blé, c'est-à-dire
on le bine vers le 15 avril et on le sarcle ensuite à la main dans les premiers jours de juin ;
on sème 5 kil. environ de trèfle (par mesure
de 44 ares 4 centiares) et on le fume avec des
engrais liquides dès que la première coupe est
enlevée. Le blé après trèfle ne reçoit qu'un
seul labour.

Dans les bonnes terres argilo-marneuses du
bord de la mer on suit la rotation :

1° Fèves ou pois
2° Blé fumé ;
3° Avoine ;
4° Trèfle fumé ;
5° Blé ;
6° Sainfoin ;
7°   »
8°   »
9°   »
10° Blé ;
11° Lin.

Les fabricants de sucre de betterave, près de Dunkerque, ont le cours suivant :

1° Betteraves fumées ;
2° Blé ;
3° Trèfle ;
4° Blé ou avoine.

Pâture en dehors de l'assolement.

Quelquefois on met, deux années de suite, des betteraves qui, dans ce cas, sont fumées chaque année, l'assolement est alors de cinq ans ; le trèfle revient sans difficulté après cet intervalle de temps.

Près d'Hondschoote, on a :

1° Pommes de terre, fèves ou pois ;
2° Sucrion fumé ;
3° Trèfle ;
4° Blé avec demi-fumure ;
5° Avoine.

A Warhem, pays renommé pour la culture

des haricots, on rencontre les deux assolements qui suivent :

1º Fèves ;

2º Blé fumé ;

3º Avoine ;

4º Haricots et pois, les premiers fumés avec tourteaux ;

5º Trèfle ;

6° Blé avec demi-fumure.

Dans un sol plus léger, on a :

1º Blé fumé ;

2º Haricots, lin, cameline, fumés avec courte graisse ou tourteaux ;

3º Trèfle ;

4º Blé avec demi-fumure ;

5º Avoine.

La jachère est inconnue dans le pays au bois.

Près de Steene, le cours suivant existe chez plusieurs cultivateurs :

1º Blé fumé ;

2º Fèves ;

3º Avoine ;

4º Trèfle avec demi-fumure ;

5º Blé ;

6º Fèves fumées ;

7º Blé ;

8º Avoine ;

9º Lin.

Il est à remarquer que, dans cet assolement, les cultures d'hiver ne reviennent que trois fois en neuf ans, tandis que les récoltes de printemps sont plus fréquentes, mais il ne faut pas oublier que les terres de ce pays sont très-fortes ; les labours d'hiver sont ici très-profitables et l'ameublissement qu'ils procurent au sol permet d'ensemencer de bonne heure au printemps. Les fèves de la sixième année remplacent la jachère ; une partie de la sole de la deuxième année est occupée par des pommes de terre lorsque le terrain est suffisamment meuble.

A Bambecque, localité renommée pour la production de l'avoine, quelques-uns ont adopté l'assolement suivant :

 1° Blé ou sucrion fumés ;
 2° Avoine ;
 3° Trèfle ;
 4° Avoine ou blé ;
 5° Fèves fumées ;
 6° Blé ;
 7° Avoine.

(L'avoine ici est plus lourde que dans les autres localités du département.)

A Petkam, on trouve :

 1° Blé fumé ;
 2° Trèfle ;
 3° Blé 2/3, avoine 1/3.
 4° Pommes de terre et fèves avec demi-fumure ;

5° Avoine ;

6° Lin avec tourteaux.

Dans les grandes Moëres, sur les terres fortes, on a :

1° Blé fumé ;

2° Trèfle ;

3° Lin 1/3, blé 2/3 fumé ;

4° Orge d'hiver , avoine.

5° Pois.

Dans les terres légères, excellentes pour les mars, à cause de leur fraîcheur, on suit généralement l'assolement :

1° Fèves ou pois ;

2° Sucrion fumé ;

3° Trèfle ;

4° Lin ;

5° Blé fumé ;

6° Avoine.

On trouve encore dans ces dernières :

1° Blé ou sucrion fumé ;

2° Trèfle ;

3° Avoine ;

4° Lin fumé avec tourteaux ;

5° Pois.

Les fermes ont ordinairement 50 à 60 mesures (44 ares 4 centiares); le cinquième est en pâtures, mais on n'a ni luzerne ni sainfoin parce que ces plantes sont étouffées par l'herbe dès la seconde année.

Aux petites Moëres, j'ai rencontré l'assolement suivant :

1° Blé ou sucrion fumé ;
2° Trèfle ;
3° Avoine ;
4° Lin.

Pâture en dehors de l'assolement.

Arrondissement d'Hazebrouck.

Dans les terres argileuses, près Noordpeen, on a :

1° Jachère fumée ;
2° Colza ;
3° Blé ;
4° Fèves fumées ;
5° Blé ;
6° Trèfle chaulé ;
7° Avoine ;
8° Pois, œillette, cameline ; ces deux dernières fumées avec tourteaux.

Dans les sables rouges, près Cassel, on trouve l'assolement suivant :

1° Pommes de terre, haricots, betteraves ;
2° Seigle fumé ;
3° Trèfle ;
4° Avoine ;
5° Colza fumé avec tourteaux ;
6° Blé.

Dans les sables tout à fait mauvais, on sème du sainfoin dans la sole d'avoine, mais il y a un léger changement dans le cours. Ainsi, après le trèfle, on a 4° avoine, 5° seigle avec demi-fumure, 6° sainfoin, 7° id., 8° id., 9° id., 10° blé.

Dans les sables du Mont-des-Cats, on a :

1° Pommes de terre ou fèves ;
2° Seigle ;
3° Avoine.

A Vieux-Berquin, l'assolement est biennal, le blé d'hiver alterne tous les ans avec les cultures sarclées ; ainsi on a :

1° Fèves ;
2° Blé fumé ;
3° Trèfle ;
4° Blé ;
5° Tabac fumé ou colza ;
6° Blé ;
7° Pommes de terre, fèves fumées, haricots ;
8° Avoine.

A Merville, dans les bonnes terres, on suit ce cours :

1° Tabac fumé ;
2° Blé ;
3° Trèfle cendré ;
4° Blé ;
5° Avoine ;
6° Lin avec tourteaux.

Pâture en dehors de l'assolement.

Dans les environs de Bailleul, on trouve :

1° Colza fumé ;

2° Blé ;

3° Trèfle ;

4° Blé ;

5° Pommes de terre, choux, fumés ainsi que betteraves ;

6° Blé ou avoine ;

7° Haricots et lin.

On retrouve encore dans cet arrondissement l'assolement quadriennal :

1° Fèves fumées ;

2° Blé ;

3° Trèfle et hivernage à la 7e année ;

4° Blé et avoine.

On ne cultive pour ainsi dire pas de luzerne dans cet arrondissement, mais chaque ferme a des pâtures encloses ; le sainfoin ne s'étend guère au delà de Cassel. Les houblonnières sont toutes en dehors de l'assolement

Arrondissement de Lille.

Terres fortes :

1° Colza fumé avec courte graisse ;

2° Blé ;

3° Trèfle cendré ;

4° Blé ou avoine ;

5° OEillette fumée ;

6° Blé suivi de navets ;

7° Hivernage ou avoine.

Dans les terres argilo-sablonneuses, on suit cet assolement :

1º Pommes de terre, choux, betteraves fumées;
2º Blé;
3º Avoine;
4º Trèfle cendré;
5º Colza avec demi-fumure;
6º Blé suivi de navets;
7º Camomille ou navette d'été avec tourteaux.

Dans les terres plus légères que fortes, on a :

1º Pommes de terre fumées;
2º Orge;
3º Pois ou hivernage fumés;
4º Colza fumé avec tourteaux ;
5º Blé ;
6º Trèfle avec demi-fumure;
7º Blé ;
8º Avoine;
9º Lin avec tourteaux.

M. Weymel, à la Chapelle-les-Armentiéres, suit l'assolement :

1º Colza fumé ;
2º Blé ;
3º Fèves fumées ;
4º Blé ;
5º Avoine;
6º Trèfle : on fume sur la 2ᵉ coupe;
7º Lin;
8º Blé fumé suivi de navets;
9º Hivernage.

Le détail de cet assolement n'est pas sans intérêt. Le colza reçoit trois labours; le terrain est disposé en planches de 3m. 248 mill. de largeur. On repique le plant au mois d'octobre, à la distance de 135 mill. dans les lignes : celles-ci sont espacées 325 mill. Dès qu'ils sont bien repris, on ruote, c'est-à-dire on enlève avec le louchet la terre des rigoles pour la poser non brisée dans les raies. Au printemps, on fume avec des tourteaux, et l'on écrase ensuite les mottes de terre qui se trouvent près des colzas, en même temps qu'on bine les plantes. Le blé, après colza, reçoit trois labours; après des fèves, deux seulement. On sème, autant que possible, sur vieux labour; on enterre le blé par deux traits de herse; au printemps, on herse de nouveau, on sarcle à la main, et, si la terre est encore motteuse à cette époque, on fait passer une herse renversée sur la pièce, et l'on roule deux ou trois jours après. Les fèves reçoivent quatre labours; on charrie le fumier en décembre, dans la proportion de soixante-quatre voitures, pesant 2,500 kilog. au bonnier. Dès que les fèves sont levées, on les braque (bine) entre les lignes; elles reçoivent deux sarclages. L'avoine est semée sur le troisième labour, qui est donné avant l'hiver; seulement on herse en long et en large avant de répandre le grain et on enfouit l'avoine par un labour de 54 mill., suivi d'un hersage croisé ; quelques jours après, on fait passer le rouleau : quand on sème du trèfle dans l'avoine, on répand la semence immédiatement avant de rouler, on passe ensuite légèrement la herse, et l'on termine l'opération par un tour de rouleau. Le lin après trèfle n'exige qu'un seul labour, ou deux si la pièce de trèfle était infestée de mauvaises herbes. Au printemps on attend, pour donner le hersage, que la terre soit bien ressuyée ; aussitôt qu'elle est en bon état, on herse en long et en large avec une herse à dents très-écartées ; on se sert ensuite d'une petite herse très-légère, puis on rondèle le terrain (on le roule), on le herse de nouveau et on le roule encore jusqu'à ce que la superficie soit réduite en poussière, mais on a bien soin de tenir le fond ferme. On fume avec des tourteaux ou de la courte-graisse. La semence est enterrée par un hersage très-léger et croisé ; au bout de deux ou trois jours, si le temps le permet, on roule. L'hivernage reçoit deux labours ; on enterre la semence par un hersage croisé ou bien par un coup de charrue.

Indépendamment de ces récoltes, M. Weymel fait encore quelques soles de choux, de pommes de terre et de betteraves pour ses troupeaux de vaches et de moutons; il sème aussi du sucrion, mais uniquement comme fumure verte.

A Werwick, on trouve l'assolement suivant :

1° Tabac fumé ;
2° Blé ;
3° Trèfle cendré ;
4° Blé suivi de navets.

Près de Roubaix, on a :

1° Colza fumé ;
2° Blé ;
3° Avoine ;
4° Trèfle ;
5° Orge ;
6° Œillette fumée ;
7° Blé.

On fume ordinairement pour le trèfle, mais moins fortement que pour les autres récoltes.

Dans le canton de Lannoy, l'assolement devient quinquennal :

1° Fèves fumées ou pommes de terre ;
2° Blé ;
3° Trèfle ;
4° Colza ;
5° Blé.

On a soin de rompre de bonne heure le chaume de trèfle, et l'on fume le colza au printemps avec des tourteaux.

A Hem-lès-Lannoy, M. Julien-Lefebvre,

propriétaire-cultivateur, avait adopté sur ses terres l'assolement de trois ans :

1° Pommes de terre;
2° Blé;
3° Trèfle.

Tous les six ans, il changeait sa sole de tréfle en fèves ou en hivernage. Cet assolement s'alliait parfaitement avec une distillerie de pommes de terre que M. Julien-Lefebvre avait établie dans son exploitation; mais les droits excessifs du fisc, qui prétend assimiler le rendement des pommes de terre converties en esprit à celui des grains distillés, l'ont obligé d'abandonner ce genre d'industrie si profitable pour notre agriculture; il lui aurait volontiers substitué une fabrique de sucre de betterave, mais la mesure récente prise par le gouvernement le condamne à se renfermer dans la culture ordinaire. Dans cet assolement de trois ans, il y avait disette de paille, mais M. Julien-Lefebvre achetait la provision qui lui était nécessaire. Quand le tréfle venait à manquer là où le blé avait versé, on semait, au printemps, du ray-grass dans ces places : cette graminée donnait alors deux coupes excellentes.

Près de Lille, quelques fabricants de sucre,

cultivateurs, ont adopté l'assolement qui suit :

1° Betteraves fumées ;
2° Blé ;
3° Trèfle ;
4° Betteraves qui reçoivent 1/2 fumure de tourteaux ou de compost ;
5° Blé ou avoine.

Mais l'assolement le plus usité parmi les fabricants est celui déjà cité dans l'arrondissement de Dunkerque :

1° Betteraves fumées ;
2° Blé ;
3° Trèfle ;
4° Blé ou avoine.

A Herlies, on trouve :

1° Colza fumé ;
2° Blé ;
3° OEillette avec tourteaux ;
4° Trèfle cendré ;
5° Blé suivi de navets ;
6° Lin fumé avec tourteaux.

Les petits cultivateurs ont souvent :

1° Pommes de terre, choux, fèves fumés ;
2° Orge, blé ;
3° Avoine ;
4° Trèfle fumé avec courte-graisse ;
5° Blé ;
6° Avoine ou fèves non fumées ;
7° Colza ou œillette fumée ;
8° Blé ;
9° Lin.

Les assolements basés sur la culture des plantes oléagineuses sont distribués de la manière suivante :

1° Pavots fumés;
2° Blé;
3° Fèves fumées ;
4° Blé;
5° Orge ;
6° Trèfle;
7° Blé avec tourteaux ;
8° Colza fumé ;
9° Blé suivi de navets ;
10° Avoine.

Un des plus suivis, au sud de l'arrondissement de Lille, est celui-ci :

1° Féveroles fumées;
2° Blé;
3° Orge ;
4° Trèfle;
5° Lin avec tourteaux ;
6° Colza fumé ;
7° Blé et ensuite navets arrosés de courte-graisse;
8° Avoine.

On a encore, mais plus rarement :

1° Blé fumé ;
2° Trèfle ;
3° Blé ;
4° Pommes de terre et sucrion fumés ;
5° Colza ou lin avec tourteaux ;
6° Blé avec demi-fumure de courte-graisse ;
7° Féveroles ou hivernage.

Arrondissement de Douay.

Près de Marchiennes, dans un sol tourbeux soumis à l'écobuage, on trouve :

1° Lin, colza, œillette ;
2° Pommes de terre fumées ;
3° Avoine ;
4° Trèfle cendré ;
5° Blé suivi de navets.

On évite avec soin les cultures d'hiver, comme étant sujettes à être déchaussées.

Aux portes de Douay, dans une terre légère, on suit l'assolement de six ans :

1° Pavots fumés ;
2° Blé ;
3° Orge ;
4° Trèfle avec cendres ;
5° Avoine ;
6° Lin fumé avec tourteaux.

A Arleux, M. Déglé, maire, a adopté la rotation suivante :

1° Blé fumé ;
2° Colza ou œillette ;
3° Blé fumé ;
4° Trèfle ;
5° Blé fumé légèrement ;
6° Avoine ;
7° Lin avec tourteaux ou colombine.

Il varie quelquefois, ainsi qu'il suit :

1° Scorion fumé ;

2° Colza ;
3° Blé fumé ;
4° Fèves ou hivernage ;
5° Blé ;
6° Trèfle cendré ;
7° Avoine et lin.

M. Broy, au Cuincy, suit l'assolement :

1° Blé fumé ;
2° Colza ;
3° Blé fumé ;
4° Trèfle cendré ;
5° Lin ;
6° Blé fumé ;
7° Avoine ;
8° Warats.

Il y a une luzerne en dehors de l'assolement.

A Esquerchin, sur les terres crayeuses, on a :

1° Féveroles fumées ;
2° Blé ;
3° Trèfle parqué ;
4° Lin ;
5° Colza fumé ;
6° Orge ;
7° Sainfoin ;
8° *Id.* ;
9° *Id.* ;
10° *Id.* ;
11° Blé ;
12° Avoine.

M. le baron de Bouteville, à Hornaing, a

établi la rotation suivante sur ses terres sablonneuses, mais richement amendées depuis plusieurs années :

1° Pommes de terre et fèves fumées ;
2° Blé ;
3° Trèfle avec 1/2 fumure ;
4° Blé ;
5° Avoine ;
6° Lin.

MM. Fiévet, cultivateurs, fabricants de sucre, à Masny, varient ainsi leur assolement :

1° Betteraves fumées ;
2° Blé ;
3° Trèfle parqué après 1re coupe ;
4° Blé.

1° Betteraves fumées ;
2° Féveroles avec demi-fumure ;
3° Blé ;
4° Hivernage ou avoine.

M. Baucq, fabricant de sucre, cultivateur, au Faux-Viviers, près Marchiennes, présente l'assolement suivant :

1° Betteraves, pommes de terre, trèfle, fèves ;
2° Blé ;
3° Avoine, seigle ou hivernage.

Dans des terres de sable amendées par une bonne culture, on trouve :

1° Betteraves fumées ;
2° Blé ;
3° Pommes de terre ;

4ᵉ Seigle 1/3, lin 2/3 ;
5₀ Trèfle ;
6° Blé ;
7° Féveroles fumées ;
8° Blé.

L'assolement est alors biennal ; on a une luzerne en dehors de la rotation.

Dans la commune de Flines, remarquable par l'intelligence et l'activité de ses habitants, sur un sable de médiocre qualité, on rencontre l'assolement qui suit :

1° Chanvre, pommes de terre, lin, trèfle ;
2° Seigle ou blé ;
3₀ Avoine, seigle, orge d'été ;
4° Avoine.

Les soles sont ainsi disposées :

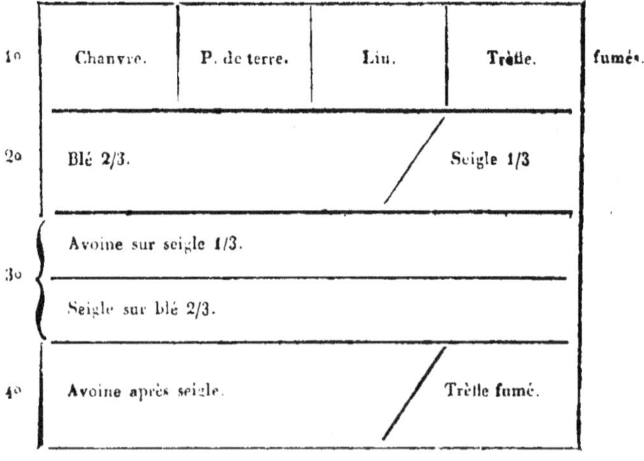

Cet assolement, aussi bizarre que défectueux, trouve son explication dans la pauvreté du sol et la rareté des engrais qu'on peut lui appliquer; cette rareté est telle, qu'on ne pourrait obtenir ces différentes récoltes si la main-d'œuvre ne venait ici au secours du cultivateur.

Le chanvre, les pommes de terre, le lin et le trèfle sont fumés; toutes les récoltes sont minutieusement sarclées à la main.

On trouve encore à Flines de petits culti-vateurs, connus dans le pays sous le nom de ménagers, qui mettent continuellement :

1° Pommes de terre fumées ;

2° Avoine.

Les pommes de terre servent à la nourriture de la famille, qui ne mange que fort peu de pain et jamais de viande; l'avoine sert à acquitter le loyer de la terre et les impositions. Tout le bétail consiste en une maigre vache maigrement nourrie aux dépens de l'herbe des fossés, et souvent du trèfle ou des choux pris chez le voisin. Ces ménagers cultivent rarement plus de deux arpents de terre : leur condition est bien plus à plaindre que celle des simples ouvriers de ferme.

Arrondissement de Valenciennes.

Dans ses terres plutôt légères que fortes,

M. **Legrand**, à Rosult, suit l'assolement

1° Colza fumé avec tourteaux au printemps ;
2, Blé fumé ;
3° Avoine ;
4° Trèfle fumé avec engrais de cour et 60 hectolitres de chaux au bonnier ;
5° Blé ;
6° Seigle ;
7° Pommes de terre, plants de colza, navets
de jachère fumés ;
8° Fèves ;
9° Blé.

Dans les sables frais de Saint-Amand, excellents pour la culture du chanvre, on a :

1° Chanvre fumé ;
2° Blé ;
3° Trèfle ;
4° Lin avec tourteaux ou colombine ;
5° Chanvre fumé ;
6° Blé ;
7° Orge ;
8° Fèves fumées ou chanvre ;
9° Blé ;
10° Avoine.

On y trouve aussi cet assolement :

1° Pommes de terres fumées ;
2° Lin avec tourteaux ;
3° Trèfle cendré ;
4° Blé ;
5° Chanvre fumé ;
6° Blé suivi de navets.

On a une luzerne en dehors de l'assolement.

A Onnaing, plusieurs cultivateurs ont adopté la rotation suivante dans un excellent sol argileux :

1° Fèves fumées;
2° Blé ;
3° Orge;
4° Trèfle cendré ;
5° Blé ;
6° Hivernage;
7° Avoine.

Les petits cultivateurs qui font entrer la chicorée dans leur assolement ont une rotation moins longue; c'est :

1° Colza fumé;
2° Blé ;
3° Trèfle;
4° Chicorée fumée ;
5° Blé ;
6° Avoine.

M. Hamoir-Boursier, fabricant de sucre, cultivateur à Sautain, dispose sa rotation ainsi qu'il suit :

1° Betteraves fumées ;
2° Blé ;
3° Trèfle ou hivernage ;
4° Avoine ;
5° Betteraves fumées ;
6° Blé ;
7° Fèves fumées légèrement ;
8° Betteraves fumées ;
9° Blé ou avoine.

MM. Blanquet et Harpigny, fabricants de sucre à Famars, ont pour assolement :

1° Fèves ou orge fumées ;
2° Blé ;
3° Trèfle cendré ;
4° Betteraves.

Le cours varie quelquefois de la manière suivante :

1° Fèves ou orge fumées ;
2° Betteraves ;
3° Blé ;
4° Trèfle.

On ne place pas ordinairement les betteraves sur fumier, à moins que celui-ci n'ait été conduit sur les champs avant l'hiver.

Près Bouchain, on rencontre :

1° OEillette fumée ;
2° Blé ;
3° Trèfle ;
4° Avoine ;
5° Lin avec tourteaux.

En recommençant le cours, on varie souvent ainsi qu'il suit :

1° Fèves fumées ;
2° Blé ;
3° OEillette fumée ;
4° Hivernage ;
5° Colza avec tourteaux ;
6° Blé ;
7° OEillette fumée ;
8° Trèfle ;

9° Avoine et pommes de terre ;

10° Lin.

On a ainsi un assolement de quinze ans.

Arrondissement de Cambray.

M. Castelyn, fabricant de sucre à Boitren-court, dispose ainsi ses récoltes :

1° Betteraves fumées avec 45 voitures pesant 2000 kil. chacune à l'hectare ;

2° Betteraves avec 500 tourteaux par 35 ares 46 cent. ;

3° Blé ;

4° Avoine ;

5° Trèfle cendré ;

Ou bien il a :

1° Betteraves ;

2° Blé ;

3° Avoine ;

4° Trèfle.

Le trèfle serait certainement mieux placé après le blé, et, surtout, il assurerait davantage la récolte d'avoine ; mais tout ici est subordonné à la production des betteraves.

Près de Cambray, on a :

1° OEillette fumée ;

2° Blé ;

3° Avoine ;

4° Trèfle cendré ;

5° Colza avec tourteaux ;

6° Blé ;

7º Lin fumé avec tourteaux ; ou bien on sème de l'hivernage sans fumure aucune.

Chez M. Desmoutiers, à Vielly, on trouve :

1º Jachère, hivernage, pommes de terre, colza, fèves fumés ;

2º Sucrion ;

3º Trèfle cendré ;

4º Blé avec demi-fumure ;

5º Avoine ;

6º Lin avec tourteaux.

Arrondissement d'Avesnes.

L'assolement triennal reparaît dans plusieurs parties de cet arrondissement.

Dans les terres argileuses, près d'Avesnes, on a souvent :

1º Jachère ;

2º Épeautre ;

3º Avoine.

La pâture est en dehors de l'assolement, et l'on fait un peu de trèfle sur une portion de la jachère.

Quelques cultivateurs ont modifié cet assolement de la manière suivante :

1º Jachère fumée ;

2º Épeautre ;

3º Orge ;

4º Trèfle cendré ;

5º Colza ;

6º Blé ou épeautre.

Près de Maubeuge, on a :

1° Colza fumé ;
2° Blé ;
3° Trèfle cendré ;
4° Avoine ;
5° Lin avec tourteaux ;
6° Hivernage.

La faible proportion des plantes fourragères relativement aux autres récoltes, dans les assolements du département du Nord, s'explique par l'extrême facilité que l'on a à se procurer des tourteaux pour la nourriture du bétail : chaque cultivateur en fait une large consommation.

———

CULTURE DES PLANTES.

Les plantes agricoles que l'on cultive dans le département du Nord sont : le froment, l'épeautre, le seigle, le méteil, l'orge, l'avoine, le sarrasin, les pois, les fèves, les haricots, le colza, la navette, la cameline, l'œillette, le lin, le chanvre, le houblon, le tabac, la chicorée, la pomme de terre, la betterave, le navet, la carotte, les choux, les vesces, l'hivernage, les warats, le trèfle rouge, le trèfle incarnat, la luzerne et le sainfoin.

———

CÉRÉALES.

Froment.

Le sol du département du Nord, formé en partie par les alluvions, et généralement argilo-sablonneux, convient particulièrement à la production du froment; aussi cette céréale y est-elle regardée comme le principal produit dans toutes les exploitations où l'abondance de la main-d'œuvre ne porte pas à préférer les plantes d'une culture minutieuse.

Blé d'hiver.

On distingue deux variétés principales de froment dans le département du Nord : le blé rouge avec barbe ou sans barbe et le blé blanc; ce dernier donne une farine plus blanche, mais l'autre résiste mieux au froid. Le blé barbu est cultivé presque exclusivement dans les bas-fonds et dans les sols glaiseux où l'autre variété viendrait avec peine; il est aussi moins sujet à verser.

Le blé succède au tabac, au chanvre, au lin, aux fèves, aux choux, au colza, à l'œillette, aux betteraves, aux pommes de terre, au trèfle, à l'hivernage et à la jachère.

Le tabac est généralement regardé comme

la meilleure récolte préparatoire pour le blé, par suite des labours profonds, des engrais abondants et des sarclages minutieux qu'exige cette plante.

Le blé, après chanvre, réussit partout très-bien, par exception, à Rosult ; on trouve qu'il est rarement bon après cette récolte préparatoire, considérée comme très-épuisante. A Saint-Amand, au contraire, distant de 3 kilom. de Rosult et célèbre par ses cultures de chanvre, on tient la récolte de blé pour assurée toutes les fois qu'elle succède à un chanvre bien réussi.

Les opinions sont partagées relativement au blé qui suit une récolte de lin. A Cuincy, M. Broy pense qu'on n'a jamais de plus beau blé qu'après une récolte de lin sur trèfle ; la plupart des cultivateurs, cependant, mettent rarement le blé à cette place ; presque toujours il précède la récolte de lin, qui, parfois encore, ne vient qu'après une avoine semée dans un chaume de blé.

Le blé, après fèves, est une rotation très-suivie dans le département du Nord, surtout dans les terres fortes ; on croit que les fèves sont particulièrement favorables à la production du grain, mais que le blé qui les remplace est moins riche en paille.

Les choux sont ordinairement suivis d'un grain de printemps ; on les regarde comme une moins bonne préparation pour le blé d'hiver que les betteraves et surtout que le colza ou l'hivernage.

Les betteraves (je ne parle ici que de celles qui sont fumées et binées avec soin, comme cela a lieu chez la plupart des fabricants de sucre) passent partout pour une excellente récolte préparatoire pour le blé, toutes les fois que les semailles peuvent s'effectuer à temps, c'est-à-dire dans la première huitaine de novembre ; quelques cultivateurs, cependant, pensent que le blé mis à cette place rend plus en paille qu'en grains.

Le colza, pour beaucoup de cultivateurs, ne le cède que peu au tabac comme récolte précédant le blé ; on explique ce résultat par les trois mois de jachère qui suivent la récolte de colza et par les labours que reçoit le sol jusqu'aux semailles.

L'œillette, dans les arrondissements de Douay, Cambray et Valenciennes, est considérée comme une excellente préparation pour le blé, meilleure même, à cet égard, que le colza, quoique la terre ne puisse recevoir que deux cultures.

Les pommes de terre ne sont regardées comme une bonne préparation pour le blé que là où le sol sablonneux permet de récolter les tubercules et d'ensemencer de bonne heure : c'est ainsi que M. le baron de Bouteville à Hornaing, sur un sable frais, récolte de très-beaux blés après des pommes de terre ; en général, dans les autres terrains, on préfère les remplacer par de l'avoine, de l'orge ou du lin.

On est volontiers d'accord sur l'excellence du trèfle comme récolte préparatoire pour le blé ; cependant les éloges ne sont pas exempts de critique. A Masny, on trouve que le blé, après trèfle, est sujet à être véreux ; aussi, pour éviter cet inconvénient, ne prend-on qu'une coupe et tasse-t-on fortement le sol en y faisant parquer les moutons : on a alors un très-beau blé. A Wervick, M. Vaneslandt assure que le blé réussit mieux après colza qu'après trèfle. M. Ducouvent, à Wandignies, se croit obligé de fumer le regain de trèfle quand celui-ci doit être suivi d'un blé ; mais aussi ce blé lui donne une plus belle paille que s'il était venu après des fèves.

A Arleux, on fait plus de cas du blé venu après colza que de celui qui succède à du trèfle. A Cuincy, M. Broy n'a jamais de bon blé après trèfle, parce que, dit-il, la terre se tient trop légère. Dans des terres de sable, après un trèfle fauché à sa première coupe, et retourné lorsque le regain entrait en fleurs, on a souvent obtenu un plus beau blé et sur-tout une paille plus abondante que s'il eût été semé sur d'autres récoltes ; mais alors on a soin de ne donner qu'un seul labour et de semer lorsque le gazon est déjà un peu dé-composé, et que la terre s'est rassise, c'est-à-dire sur un labour d'un mois à six semaines : on enterre la semence par un hersage croisé suivi d'un tour de rouleau s'il fait trop sec.

L'hivernage et les vesces sont mis avant les fèves comme préparation pour le blé, non que celles-ci soient plus épuisantes, mais parce que, après l'hivernage ou les vesces, le champ est soumis à une demi-jachère et que toutes les cultures peuvent être données en temps utile.

Enfin la jachère, abstraction faite des frais

qu'elle occasionne, est réputée par tous les cultivateurs la meilleure préparation qu'on puisse encore appliquer à un sol argileux qu'on veut ensemencer en blé. Le blé, après une jachère pure, rend plus en paille et en grains, il est aussi moins sujet à verser : ajoutons que, dans les terres glaiseuses où les récoltes-racines ne peuvent être employées avec succès et économie pour rompre la ténacité du sol et le nettoyer de mauvaises herbes, on tient la jachère pour l'opération la plus profitable, toutes les fois qu'on la traite avec soin et qu'on ne l'érige pas en système absolu.

Les préparations qu'on donne à la terre, pour la disposer à recevoir du blé, varient suivant la nature du sol et le genre des récoltes qui précèdent la céréale. On ne donne, en général, qu'un déchaumage et un labour après le tabac, les féveroles, les pommes de terre et les betteraves ; quelquefois même on se contente d'un labour unique. Après le colza, on applique deux ou trois labours, de même qu'après le lin, l'hivernage, les pois, l'œillette et le sucrion coupé en vert. La terre reçoit rarement plus d'un labour après le trèfle, à moins qu'on ne prenne qu'une seule coupe, auquel cas on donne deux ou trois labours. Sur jachère, on donne de 5 à 6 labours.

Dans les terres fortes sujettes à l'humidité, on laboure en planches légèrement bombées ; dans les terres saines, le labour a toujours lieu à plat. Indépendamment des labours ordinaires, les bons cultivateurs font encore un *lit-avant* pour le blé, c'est-à-dire qu'ils font suivre la charrue par trois ou quatre ouvriers, qui, armés d'un louchet, creusent le sillon à un pied de profondeur.

On ne fume pas ordinairement pour le blé qui succède au tabac, aux colzas, aux betteraves.

Dans un grand nombre de localités, il est d'usage d'appliquer, de préférence, l'engrais au blé ; et, dans ce cas, on ne fume ni pour les féveroles, ni pour l'hivernage, ni pour les pois.

Quelques cultivateurs fument le blé qui suit l'œillette, d'autres aiment mieux appliquer le fumier à la récolte sarclée.

Un grand nombre fume pour le blé qui succède à un trèfle ; mais, dans ce cas, on applique l'engrais au trèfle : lorsque ce dernier a été cendré, on ne met souvent que moitié de l'engrais, ou même on ne donne aucune fumure pour le blé.

On fume toujours le blé qui suit les pommes de terre, lorsque ces dernières n'ont pas reçu d'engrais ; il en est de même pour le blé qui succède au lin, même lorsque celui-ci a reçu de la courte-graisse et des tourteaux.

L'époque des semailles diffère suivant les arrondissements et même dans les communes du même canton. Au Fort-Philippe (arrondissement de Dunkerque) les premières semailles ont lieu à la Toussaint et se continuent jusqu'à Noël ; passé ce temps, on regarde la saison comme trop avancée. Lorsque les semailles se font avant le 1er novembre, l'herbe croît en même temps que le blé, et au printemps elle envahit le sol naturellement très-herbeux : les premiers labours se donnent à partir du 25 septembre ; on sème sur labour vieux.

M. Hamerelle aîné, à la Grande-Synthe, pense que, dans cette partie de l'arrondissement, l'époque la plus favorable pour les semailles de blé est 15 jours avant et 15 jours après la Toussaint ; il sème également sur vieux labour. En général, dans le pays au bois (terres fortes), on sème sur labour frais, et dans le pays à wateringues (terres légères), sur vieux labour.

Dans l'arrondissement d'Hazebrouck , les uns sèment dès la première quinzaine d'octobre , les autres préfèrent semer quinze jours plus tard : beaucoup terminent leurs semailles dans le mois de novembre. On préfère semer sur labour vieux dans les terres de consistance moyenne , et sur labour frais dans les terres fortes.

Dans l'arrondissement de Lille , on regarde les 15 jours qui précèdent la Toussaint comme l'époque la plus favorable pour les semailles. On sème de préférence sur labour vieux. M. Weymel veut que la terre , avant d'être ensemencée , ait reçu de la pluie et du soleil et qu'elle se soit bien rassise.

Dans le canton d'Arleux on sème le blé depuis le mois d'octobre jusqu'au 15 novembre ; cette dernière époque, cependant, est regardée comme bien avancée.

A Valenciennes et à Cambray , on sème ordinairement pendant tout le mois d'octobre; cependant, lorsque le blé succède à des betteraves, les semailles se prolongent souvent jusqu'à la fin de novembre ; dans ce dernier cas, on sème toujours sur labour frais. Une observation de localité mérite d'être consignée ici. A Famars, on ne sème jamais le blé de suite après betteraves ; on préfère que la terre se soit rassise auparavant ; c'est pourquoi on laisse écouler un certain intervalle entre l'arrachage des betteraves et les semailles du blé. Il n'est qu'un seul cas où l'on déroge à ce principe, c'est celui où, peu de temps après la récolte des racines, la terre a été battue par une pluie : l'effet désiré est alors obtenu et l'on sème immédiatement le blé.

Dans l'arrondissement d'Avesnes on préfère semer de bonne heure, c'est-à-dire dans la première quinzaine d'octobre si la terre est forte ; les terres plus légères sont ensemencées jusqu'au 20 novembre. On regarde les semailles faites sur vieux labour comme généralement préférables, excepté sur les terres glaiseuses.

La quantité de blé qu'on sème par hectare est assez uniforme dans tous les arrondissements. En général, on emploie 200 à 225 litres par hectare ; cependant, dans plusieurs exploitations, on trouve, à cet égard, des exceptions dignes d'être rapportées.

Chez MM. Anquié, au Fort-Philippe, on sème un hectolitre de blé par mesure de 44 ares 4 centiares ;

Chez M. Hamerelle aîné, à la Grande-Synthe, un hectolitre et demi.

M. Weymel, à la Chapelle-les-Armentières, sème 225 à 230 litres par bonnier (1 hectare 41 ares 87 centiares).

M. Broy, à Cuincy, sème 75 litres par rasière (42 ares 92 centiares).

MM. Fiévet, à Masny, sèment 85 litres par rasière (45 ares 22 centiares), lorsque l'époque des semailles est avancée, 75 seulement quand elles ont lieu dans la première quinzaine d'octobre. Après trèfle et fèves, ils mettent 60 litres en semant à la volée, et 45 litres seulement au semoir ; après betteraves, ils sèment 60 litres par rasière.

M. Baucq, au Faux-Viviers, après betteraves, sème 75 litres de blé par rasière de 45 ares.

A Rosult, M. Legrand sème 2 hectolitres par bonnier (120 ares 72 centiares).

MM. Blanquet et Harpigny, à Famars, mettent 35 litres environ par mencaudée de 23 ares.

Partout, dans le département du Nord, le choix de la semence est considéré comme un point de la plus haute importance. La plupart des cultivateurs ont l'excellente habitude de changer leur semence chaque année ou , au plus tard , tous les deux ans.

Dans les arrondissements de Dunkerque et d'Hazebrouck, le blé de semence provient des terres clitreuses (argileuses) du pays au bois, de Bambecque, de Roubrouck, de Saint-Omer, de Cassel et de Bailleul. Dans l'arrondissement de Lille , les cultivateurs le font venir d'Armentières et des terres fortes de Merville et de Saint-Venant. A Arleux, on préfère celui d'Orchies à tout autre. Valenciennes, Cambray, Avesnes et Maubeuge tirent leurs blés de semence d'Armentières.

Cependant , malgré le soin qu'on apporte à n'employer que le plus beau blé et celui qui convient le mieux à la localité, on n'est pas encore parvenu à se débarrasser complétement de la carie. La cause de cette maladie est inconnue dans le département du Nord : les uns l'attribuent aux pluies trop abondantes; les autres, au blé provenant d'une semence nouvellement récoltée; quelques-uns, à une fumure fraiche ou à des semailles tardives. Mais tous en sont réduits à des conjectures et à des faits isolés : on n'a point encore entrepris, que je sache, dans le département du Nord, d'expériences comparatives pour découvrir la véritable origine de la carie. Les procédés usités pour en préserver le grain varient suivant les localités ; la chaux est le principal agent qu'on emploie à cet effet.

Dans l'arrondissement de Dunkerque, on se sert d'eau de mer et de chaux ; cette dernière dans la proportion d'un hectolitre pour 25 rasières (37 hectolitres de blé). On aime à chauler un peu fort ; le chaulage a lieu par aspersion. On fait éteindre la chaux dans une cuve ; on en arrose le blé, en ayant soin de le brasser à différentes reprises ; on l'étend ensuite sur le sol, afin de le faire sécher pendant la nuit ; on sème le lendemain matin de la préparation. Le blé semé encore humide passe pour mauvais : il en est de même de celui qui compte dix ou douze jours de chaulage.

Chez M. Desgraviers, au Grand-Millebrugge, on chaule le blé avec deux tiers d'urine et un tiers de chaux, et l'on n'a que fort peu de carie (1).

Dans le canton d'Armentières, les cultiva-

(1) On sait, depuis longtemps, que la chaux est la meilleure de toutes les substances employées pour préserver le grain de la carie ; les urines de bestiaux n'ont ici, suivant nous, qu'une vertu fort douteuse ; l'usage du sel nous paraît bien préférable.

teurs qui changent de semence tous les ans ne chaulent pas; les autres chaulent avec un tiers d'urine de chevaux, un tiers d'eau et un tiers de chaux : le chaulage a lieu par immersion.

Dans le canton d'Arleux, aussitôt que le blé est retiré du cuvier, où on l'a brassé avec de la chaux éteinte, des cendres et de l'urine, on le saupoudre de chaux au moyen d'un tamis, afin de hâter sa dessiccation, et l'on sème immédiatement après sur labour frais. M. Broy, à Cuincy, emploie le sulfate de cuivre et n'a point de blé carié; il trouve que cette substance lui réussit mieux que l'arsenic. M. Dumarquet, à Esquerchin, près Douay, emploie un demi-kilog. d'arsenic délayé dans un lait de chaux, et 1 kilog. et demi de sel pour 4 hectolitres de blé.

MM. Fiévet, à Masny, ont remarqué que, lorsqu'ils semaient du blé vieux, ils n'avaient jamais de carie; pour préserver le grain de cette maladie, ils chaulent avec 1 kilog. de chaux, un demi-kilog. d'arsenic, 1 kilog. et demi de sel, et 10 litres de purin pour 5 hectolitres de blé.

Quelques cultivateurs de l'arrondissement de Douay ont cessé de chauler depuis plusieurs années : cet été (1839), leurs récoltes étaient infestées de carie.

M. Baucq, au Faux-Viviers, chaule avec un tiers de jus de fumier, un tiers d'eau et d'urine de vache, et un tiers de chaux : il n'a jamais de carie dans son blé; il sème sur labour frais deux heures après avoir chaulé. Je dois à cet habile cultivateur une observation dont la connaissance ne sera peut-être pas sans utilité pour les praticiens. Suivant lui, quand on a eu du blé carié, il ne faut employer le fumier provenant de la paille de ce blé que sur des récoltes de mars, telles que pommes de terre, chanvre, avoine, navette, lin, etc. : par ce moyen, il a toujours préservé ses blés de la contagion.

Le blé se sème généralement à la volée: quelques cultivateurs fabricants de sucre se servent seuls du semoir; encore l'emploient-ils concurremment avec les semailles à la volée. Toutes les fois que le blé est semé sur vieux labour, on fait passer auparavant la herse, afin d'ameublir la superficie du sol; sur labour frais, il est d'usage de répandre le grain sur le sillon même, et ce n'est que par exception que les bons cultivateurs eux-mêmes donnent préalablement un hersage. Tout le monde convient que le blé doit asseoir sa racine sur un fonds un peu ferme ; voilà pourquoi, en général, on évite avec soin de piquer trop avant pour les labours à blé. Sur les terres légères, on croit que le blé peut être enterré à 108 mill. de profondeur ; dans les sols argileux, on préfère ne lui donner qu'une couverture de 54 ou 81 mill. Le blé s'enterre tantôt à la charrue, tantôt à la herse : ce dernier mode est le plus suivi. Les semailles faites de bonne heure reçoivent presque toujours un hersage croisé, suivi d'un ou deux tours de rouleau et d'un troisième coup de herse. On prétend que le blé ainsi pressé entre deux couches de terre meuble lève plus vite et plus régulièrement que lorsqu'on se dispense de le rouler.

Dès que les semailles sont terminées, on s'occupe de tirer des rigoles à travers le champ, dans le sens de la pente du sol. Dans l'arrondissement de Douay, ainsi que dans plusieurs communes du département du Nord, aussitôt les semailles de blé faites, on *lague* le terrain, c'est-à-dire qu'on y trace des rigoles de 8 mètres en 8 mètres, et on les approfondit avec un louchet pour en rejeter la terre sur le labour. Les rigoles sont visitées plusieurs fois pendant l'hiver; on les nettoie à la pelle, et, chaque fois que les dégels, les pluies ou la neige les ont obstruées, on enlève avec soin tout ce qui gêne le passage des eaux. Dans plusieurs localités, au sortir de l'hiver, si le temps le permet, on rondelle, c'est-à-dire on passe le rouleau; on herse ensuite avec une petite herse, et l'on rondelle de nouveau. Dans certaines fermes, on commence par herser; si le sol est encore motteux, on passe la herse renversée sur le dos et l'on roule deux ou trois jours après. Plusieurs cultivateurs se bornent à ploutrer leur blé ou à y faire passer le râteau. A Arleux, lorsqu'on doit semer du trèfle dans le blé, on herse, on sème la graine de trèfle et l'on ploutre. Si le blé a souffert de l'hiver, c'est à cette époque qu'on y répand des cendres, des tourteaux ou des urines pour le faire revenir; plusieurs cultivateurs, cependant, ont éprouvé que les tourteaux appliqués au printemps agissaient, à la vérité, plus énergiquement, mais qu'ils nuisaient à la végétation; le blé, réveillé trop fortement, s'emporte outre mesure et rend alors plus de paille que de grain. M. Cappon, cultivateur à Vieux-Berquin, auquel je dois la connaissance de ce fait, employait 400 kilog. de tourteaux par mesure de 37 ares, avant d'avoir renoncé à répandre cet engrais au printemps.

Les hersages et les roulages donnés à cette époque précèdent de peu de jours le binage du blé. Cette opération, désignée dans plusieurs localités sous le nom de *bracage*, a lieu dans le courant d'avril ; ordinairement ce sont des femmes qui l'exécutent. On choisit un temps sec pour entrer dans le champ, et les ouvriers, armés d'une binette appelée rasette dans le département, ameublissent la surface du sol, en détruisant en même temps les mauvaises herbes qui s'y trouvent. Les plus communes à cette époque sont : les sanves (*sinapis*), les chardons (*serratula*, *carduus*), le laceron (*sonchus*), le pas-d'âne (*tussilago*), les renoncules (*ranunculus*), l'oseille (*rumex*), les bluets (*centaurea cyanus*) et les coquelicots (*papaver*). On bine une seconde fois, si le champ est envahi de nouveau par les plantes parasites ; mais, la plupart du temps, on s'en débarrasse par le sarclage à la main, qui a lieu vers les premiers jours de juin.

Quelquefois, lorsque le mois de mai est chaud et humide, et surtout lorsque le sol a été fortement fumé et qu'il contient un excès d'humus, il arrive que le blé s'emporte trop vigou-

reusement et est exposé à verser; on prévient
ce mal par deux moyens : en coupant la sommité des feuilles ou en faisant pâturer le blé.
La première de ces méthodes est la plus usitée ; elle consiste à retrancher l'extrémité des
feuilles avec une faucille ou même avec la
faux en ayant soin de ne pas attaquer le cœur
du blé. Le pâturage du blé par les moutons
est tout à fait exceptionnel, il n'a lieu que
pour les blés de printemps trop vigoureux ;
lorsqu'on y a recours, on fait passer très-ra-
pidement le troupeau sur la pièce et par un
temps bien sec : ces accidents, du reste, sont
fort rares.

L'époque de la moisson varie peu dans les
divers arrondissements; elle coïncide ordinairement avec la Notre-Dame d'août. Un grand
nombre de cultivateurs n'attendent pas que
le blé soit complétement mûr pour récolter ;
les uns le coupent dès que la paille est bien
jaune, les autres aussitôt que le grain, n'étant
plus laiteux, se laisse couper par l'ongle, mais
avec une certaine résistance ; on trouve que
le blé, coupé ainsi avant sa parfaite maturité,
a le grain plus clair, et que sa paille vaut
mieux. Le petit nombre de ceux qui prennent
leurs blés de semence dans l'exploitation même

attendent que sa maturité soit complète avant d'y mettre les ouvriers.

Le blé se coupe de deux manières dans le département du Nord : avec le piquet, c'est ce qui a lieu dans la plupart des localités, ou bien avec la faux : ce dernier mode ne se rencontre que de loin en loin et seulement dans certaines communes des arrondissements de Cambray et d'Avesnes.

La manière de faire sécher la récolte avant de la rentrer n'est pas la même dans toutes les localités ; à cet égard, on distingue deux méthodes principales de dessiccation : les *dizeaux* et les *monts*.

La première consiste à dresser sur deux rangs cinq bottes appuyées les unes sur les autres par leurs têtes et écartées au pied : elle est surtout usitée dans l'arrondissement de Dunkerque.

Dans l'arrondissement d'Hazebrouck, on met également le blé en dizeaux, mais avec une légère modification : deux javelles forment une botte ; les bottes, serrées les unes contre les autres vers le haut, sont attachées ensemble par leurs têtes : une botte renversée et attachée elle-même par un lien sert de chapeau.

À Lille et Valenciennes , le blé piqueté est laissé deux jours en javelles ; deux javelles réunies forment une botte, les bottes sont mises en monts, c'est-à-dire qu'on en dresse douze en files par paire et huit en flanc, dont quatre de chaque côté : une botte renversée recouvre le tout et se trouve maintenue dans cette position au moyen de deux brins de paille pris sur les côtés et liés ensemble. Il est bon de remarquer ici que les files ne se composent pas toujours de douze bottes opposées par paire l'une à l'autre ; les monts sont tantôt de vingt, tantôt de seize bottes.

Près de Douay, quand le blé contient beaucoup d'herbes, on dresse sur le sol, pour servir de point central , une gerbe liée au tiers supérieur et écartée du pied ; on place tout autour des gerbes non liées ; une botte liée et renversée recouvre le tout.

À Vielly, près Cambray, les monts sont disposés de la manière suivante : une botte occupe le centre et se trouve flanquée de deux bottes, l'une à droite et l'autre à gauche ; vis-à-vis, s'en trouvent également deux autres appuyées de face sur la botte centrale ; chacune de celles-ci est placée entre deux autres bottes qui occupent les angles; une dixième botte renversée fait quelquefois l'office d'un chapeau. La figure suivante complète cette description.

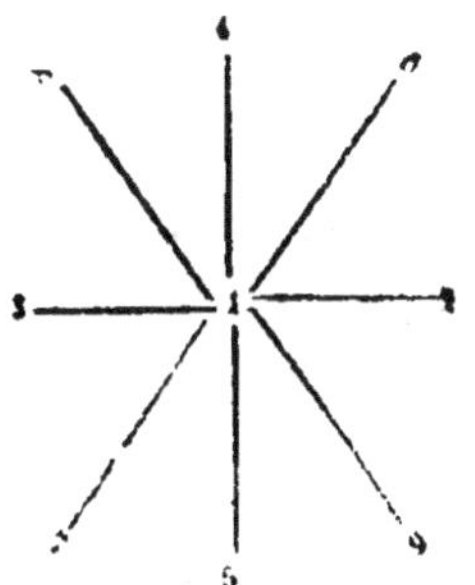

Quels que soient, du reste, la forme que l'on donne aux monts et aux dizeaux et le nombre de bottes dont ils sont composés, toutes les opinions s'accordent à regarder le blé ainsi amoncelé pendant quinze jours ou trois semaines, comme bien supérieur à celui qu'on abandonne en javelles sur le sol. Le blé coupé avant sa maturité complète achève de s'y perfectionner; il y acquiert plus de poids et plus de main, et, au dire des cultivateurs, la paille vaut beaucoup mieux : il est inutile d'ajouter qu'il n'a rien à craindre des intempéries de l'atmosphère; on n'a pas d'exemple, dans le nord, de blé mis en mont qui ait été avarié par les pluies, quelque violentes et tenaces qu'elles aient été.

Le rendement du blé varie à l'infini dans le département du Nord, et l'on conçoit sans peine qu'on ne puisse en préciser le chiffre rigoureux, en présence d'assolements tout à fait distincts et de cultures variées qui, nécessairement, doivent donner des résultats différents. Je me bornerai donc à citer quelques chiffres recueillis auprès des cultivateurs, sans chercher à en tirer une moyenne pour le département du Nord.

Au Fort-Philippe, MM. Anquié obtiennent 10 hectolitres par mesure de 44 ares 4 centiares ; après jachère, ils ont souvent un ou 2 hectolitres en sus.

M. Hamerelle aîné, à la Grande-Synthe, récolte 8 hectolitres et 1⁄2 après fèves, et 9 hectolitres 1⁄4 après jachère et trèfle.

M. Desgraviers, au Grand-Millebrugges, compte sur 10 hectolitres par mesure de 44 ares après betteraves.

M. Depowers, aux Grandes-Moëres, obtient 9 hectolitres de blé par mesure de 44 ares après fèves.

M. Cappon, à Vieux-Berquin, récolte 10 hectolitres par mesure de 37 ares après colza et trèfle.

M. Weymel obtient 35 à 40 hectolitres de

blé par bonnier (1 hectare 44 ares 87 centiares) après trèfle et colza, un peu moins après fèves.

M. Ducouvent, à Wandignies, assure que le blé rend 25 à 30 hectolitres par hectare après trèfle et chanvre; après pommes de terre, il ne faut compter que sur 20 hectolitres.

A Arleux, on récolte 10 hectolitres par rasière de 48 ares après fèves, colza et œillette, et 12 après trèfle.

Après betteraves, MM. Fiévet, à Masny, obtiennent 10 à 14 hectolitres par rasière de 45 ares 22 centiares.

M. Baucq, au Faux-Viviers, récolte 12 hectolitres par rasière après betteraves.

Chez MM. Blanquet et Harpigny, à Famars, on obtient 5 à 6 hectolitres après betteraves, fèves et trèfle par mencaudée de 23 ares.

A Avesnes, par une bonne année et dans un bon sol, on ne compte que sur 18 hectolitres par hectare lorsque le blé suit une jachère; à Maubenge, après trèfle, on obtient 20 à 25 hectolitres de blé par hectare.

Quant au degré d'épuisement que le blé fait éprouver au sol, les avis sont partagés. Presque tous les cultivateurs rangent le blé au nombre des plantes épuisantes; quelques-uns assurent que les pommes de terre fatiguent bien plus le sol ; M. de Powers, excellent cultivateur, pense que le blé n'est pas très-épuisant, et que, dans tous les cas, il l'est moins que le sucrion, et surtout bien moins que l'avoine : je dois dire que cette opinion ne trouve guère de partisans chez les autres cultivateurs du département du Nord.

Le blé est sujet au miellat, à la coulure, au charbon et à l'ergot ; on attribue généralement ces maladies aux variations brusques de la température ; on croit aussi que l'ergot se montre particuliérement dans les années humides : je l'ai rencontré en abondance sur la route de Valenciennes à Famars, tout auprès d'un champ de sucrion qui en était infesté.

Blé de printemps.

Le blé de printemps est regardé par un grand nombre de cultivateurs du Nord comme une simple variété qui finit par reprendre les caractéres du blé d'automne, lorsqu'on rapproche, pendant plusieurs années consécutives, l'époque des semailles. En général, on le place après des récoltes sarclées, et particulièrement à la suite des pommes de terre, sur lesquelles il vient très-bien. On prépare le sol par trois labours donnés à plat. Le premier, appelé *esquivelage* dans plusieurs arrondissements, n'a que 81 mill. de profondeur ; le second se donne vers la fin de novembre, c'est le plus profond de tous, il pénètre à 162 ou 189 mill. ; le dernier labour, de 108 mill., se donne en mars : les semailles ont lieu vers la fin de ce mois ou dans les premiers jours d'avril. On emploie depuis 225 jusqu'à 240 litres par hectare. Immédiatement avant de répandre le grain, on donne un double hersage au sol, puis on le rondelle ; le blé est enterré par un ou plusieurs hersages suivis d'un tour de rouleau si le temps est sec. Quelques cultivateurs, dans les terres légères, préfèrent donner un simple hersage et enterrer le blé sous raies à une profondeur de 108 mill. ; ils hersent ensuite en long et en large. Il est rare qu'on sarcle cette céréale, la terre se trouvant déjà nettoyée par la récolte précédente. La moisson s'effectue de la même manière que pour le blé d'automne.

Épeautre.

L'épeautre n'est cultivé que dans les bas-fonds, les terres glaises et les sols tourbeux sujets à être soulevés par la gelée. Plus rustique que le blé ordinaire, il résiste mieux aux gelées et à l'humidité, il est moins exposé à verser et se contente d'un sol médiocrement fumé. On prétend qu'il est rarement attaqué par la carie et le charbon : les oiseaux n'y font jamais de dégâts.

L'épeautre se sème avec sa balle, dans la proportion de 230 à 250 litres par hectare. Les semailles ont lieu dans le courant d'octobre ; le grain est ordinairement enfoui à la herse : sa culture et sa récolte sont les mêmes que celles du blé d'automne ordinaire.

Seigle.

Nulle part, dans le Nord, on ne cultive une grande quantité de seigle, le sol y est trop bon, en général, pour être affecté à cette céréale ; dans les grandes exploitations, on n'en sème que la quantité nécessaire pour faire des liens. Le seigle succède souvent à l'hivernage et aux pommes de terre ; après celles-ci, on se contente ordinairement de donner un seul labour superficiel, et l'on enfouit la semence par un ou deux coups de herse. Après l'hivernage, le sol reçoit trois labours : le premier de 54 mill., le second de 162 mill. et le troisième de 108 mill.; autant que faire se peut, on sème sur vieux labour et dans la proportion de 250 litres par hectare. Les semailles ont lieu ordinairement dans les premiers jours d'octobre; quelquefois, cependant, elles se prolongent fort avant dans l'hiver; le seigle, semé de bonne heure, donne, dit-on, de plus belles récoltes; celui qui est semé tard passe pour être plus exposé à la rouille et au miellat. Au printemps, on donne un hersage au seigle, et, quinze jours ou trois semaines après, on y met les bineuses, s'il est nécessaire. La récolte se fait toujours un peu avant la maturité complète, parce que le seigle s'égrène très-facilement; on obtient de 9 à 10 hectolitres par demi-hectare.

Méteil.

Le méteil tantôt se compose de blé barbu et de froment, tantôt de seigle et de froment ordinaire; ce dernier n'y entre que pour un quart. On cultive le méteil dans le département du Nord, là où la terre a déjà produit des récoltes épuisantes et où elle n'a plus la la force suffisante pour porter du blé pur. On prépare ordinairement la terre par deux labours. Les semailles ont lieu dans le mois d'octobre; les soins, pendant la végétation et la récolte, sont les mêmes que pour le blé. Il est d'expérience générale que le produit du méteil surpasse de beaucoup celui des deux céréales semées séparément.

Orge d'hiver ou sucrion.

Dans l'arrondissement de Dunkerque, localité renommée pour la production et la qualité du sucrion, cette céréale se sème à la fin de novembre toutes les fois qu'elle suit une autre récolte ; sur jachère, on la sème dans le courant de ce mois : l'ensemencement tardif est regardé comme peu favorable. Tous les ans, on change de semence, c'est-à-dire qu'on sème trois mesures (1 hectare 32 ares 12 centiares) de sucrion dans une terre sablonneuse pour en ensemencer les terres fortes. On répand la semence dans la proportion d'un hectolitre environ par mesure de 44 ares 4 centiares, quand le sol est bien préparé. Dans les années humides, les limaces causent beaucoup de tort aux jeunes plantes ; elles en rongent le collet à tel point qu'on est souvent obligé de semer une seconde fois.

L'expérience a prouvé que, lorsque les labours n'ont pu être donnés en temps favorable et que les sillons n'ont pas reçu de pluie, la semaille se trouve compromise ; au contraire, si les labours ont été exécutés à propos, on préfère semer sur sillon sec ; le grain alors lève très-bien : il est à remarquer qu'il s'agit ici d'un sol plutôt léger que tenace. Quand on place le sucrion après une jachère, la terre reçoit quatre labours et deux cultures au binot. Après des fèves ou de l'hivernage, on donne deux ou trois labours : le premier, très-léger, pour déchaumer, le second de 108 millim. et le troisième de 162 millim. Autant que possible, on sème le sucrion sur vieux labour. La semaille est enfouie à la herse suivie d'un tour de rouleau quand il fait sec. Pendant l'hiver, on a soin de tenir le champ bien égoutté, au moyen des rigoles. Au commencement de mars, on rondelle le sucrion à deux reprises différentes, et, dans l'intervalle de ces deux rondelages, on ploutre et l'on herse, si les terres ne sont pas trop légères. On bine le sucrion du 15 au 25 avril ; on sarcle ensuite à la main une ou deux fois, suivant que l'état de la terre l'exige. Dans le canton de Bergues, le sarclage se donne toujours à la main, et l'on braque ensuite deux fois avec la houe. On piquette le sucrion du 15 juillet au 1er août. On laisse sécher la récolte pendant plusieurs jours sur terre et on la met ensuite en dizeaux ; lorsque le temps est pluvieux , on dresse les bottes l'une contre l'autre. Le sucrion rend, en moyenne, de 15 à 20 hectolitres par mesure de 44 ares. Sa paille est regardée généralement comme la moins bonne de toutes les céréales , excepté pour le fumier. Le sucrion mis sur tréfle reçoit une demi-fumure et 1 ou 2 labours ; après des pois, des féves, de l'hivernage , on prépare le sol par deux labours, et on applique 18 à 20 voitures d'engrais , pesant chacune 500 kilog.

Le sucrion est sujet au charbon, à la rouille et à l'ergot. Cette dernière maladie se montre surtout dans les années pluvieuses ; elle était très-commune l'année dernière (1839) dans certaines pièces de terre près de Valenciennes , sur la route de Famars. Dans l'arrondissement de Dunkerque, le sucrion est regardé comme moins épuisant que l'avoine.

Orge d'été.

L'orge d'été se sème dans les terres les plus meubles, dans celles qui, l'année précédente, ont porté des récoltes sarclées ; on ne la place dans le chaume d'une céréale qu'autant que le sol contient beaucoup d'humus. On donne or-

dinairement trois labours pour cette céréale :
le premier, ou déchaumage, a lieu immédiatement après la récolte enlevée ; le second
labour s'exécute vers la fin de novembre ; le
troisième se donne en avril , immédiatement
avant de procéder aux semailles. On répand
environ 220 litres par hectare et l'on recouvre
la semence par deux traits de herse suivis
d'un tour de rouleau quand le temps est à la
sécheresse. On sarcle à la main si les mauvaises
herbes se montrent dans la récolte. La moisson
arrive au commencement du mois d'août ;
elle s'effectue de la même manière que pour
le sucrion.

Avoine.

On cultive deux variétés principales d'avoine
dans le département du Nord , l'avoine noire
et l'avoine blanche : la première est plus difficile sur le sol, rend moins de paille et est plus
sujette à verser que la seconde.

L'avoine se sème souvent dans le chaume
du blé; mais il n'est pas rare de la voir après
des pommes de terre , des betteraves ou de
l'hivernage. En général, on regarde les récoltes sarclées comme une des meilleures pré-

parations pour cette plante. Sa culture varie avec les localités.

Dans l'arrondissement de Dunkerque, MM. Anquié, père et fils, préparent la terre par trois labours : le premier, *esquivelage*, se donne à 108 mill. ; le deuxième, ou *relevage*, à 189 mill. : le labour de semailles n'a que 108 mill. Ils sèment dans la proportion de 175 litres par mesure de 44 ares 4 centiares et enfouissent le grain sous raies. Si le temps est couvert, on se borne à herser; mais, s'il est sec, on ferme la terre par un tour de rouleau ; huit jours après la semaille, on *réveille* l'avoine par un coup de herse suivi de roulages.

M. Weymel, près d'Armentières, suit un autre procédé. Sa terre reçoit quatre labours; le premier de 54 mill., le deuxième de 81 mill. et le troisième de 135 mill. ont lieu avant l'hiver; au printemps, il herse en long et en large, sème 3 hectolitres par bonnier (1 hectare 41 ares 87 centiares), enfouit le grain par un labour de 54 mill., herse alors en croix et roule quelques jours après. Lorsque le trèfle doit être semé dans l'avoine, il répand le grain immédiatement avant de rouler, il fait passer ensuite une herse légère par-dessus la semence et ferme la terre par un tour de rouleau.

M. Ducouvent, à Wandignies, arrondissement de Douay, déchaume aussitôt la récolte de blé enlevée et donne un labour de 135 mill. avant l'hiver; au printemps, il herse vigoureusement le sol, laboure à 135 mill., et sème immédiatement trois hectolitres à l'hectare. Dès que l'avoine commence à germer, il la renverse par un coup de binot et herse ensuite; cette méthode lui a toujours parfaitement réussi.

Dans le canton d'Arleux, on sème un hectolitre d'avoine par rasière de 48 ares.

A Cuincy, M. Broy, après hivernage, déchaume à 81 mill. et donne, avant l'hiver, un labour de 162 millim. avec le brabant, qui est suivi quelquefois d'une seconde charrue; on prend alors jusqu'à 325 mill. de profondeur pour renouveler le sol. Après l'hiver, il donne un ou deux coups de charrue entremêlés de hersages et aussi de roulages, s'il est nécessaire; il sème dans la proportion de 80 litres par rasière de 42 ares 92 centiares, et recouvre le grain par un coup de charrue, suivi d'un hersage et d'un roulage.

MM. Fiévet, à Sassy, après betteraves,

donnent un labour avant l'hiver ; au printemps, ils hersent, sèment 110 litres à la rasière de 45 ares 22 centiares, enterrent le grain par un coup de charrue, hersent et roulent quand il fait sec.

M. Gruyelle, à Coutiches, après hivernage, déchaume à 81 mill. ; il laboure ensuite avant l'hiver à 244 ou 271 mill., quand il y a du fond, herse au printemps, sème deux hectolitres par rasière de 45 ares, enterre à la charrue, herse ensuite en long et en travers et roule deux jours après la semaille.

M. Baucq, au Faux-Viviers, déchaume de suite après blé ; il herse quelques jours après et donne un labour de 81 millim. avant l'hiver. Au printemps, il herse, laboure à 217 mill., de manière à ramener à la surface une couche de terre dans laquelle les racines du blé n'aient pas pénétré ; il sème un hectolitre par rasière et enterre à la herse ; avant que l'avoine soit levée, il lui donne un coup de herse et la roule.

A Flines, on sème un hectolitre par rasière. A Rosult (arrondissement de Valenciennes), on répand trois hectolitres de semence par bonnier.

L'avoine se sème ordinairement dans le

mois d'avril. Dans toutes les localités, aussitôt que l'avoine a atteint 54 ou 81 mill. et que le temps le permet, on la herse et on lui donne ensuite un tour de rouleau; trois semaines ou un mois après, on sarcle si les mauvaises herbes se montrent dans le champ. La récolte a lieu ordinairement vers la fin d'août ou les premiers jours de septembre. En général, on se sert du piquet pour couper l'avoine; plusieurs localités des arrondissements de Cambray et d'Avesnes emploient la faux. L'avoine coupée reste pendant 8 ou 15 jours sur terre, et, pendant ce temps, on la retourne deux ou trois fois, à des intervalles plus ou moins rapprochés, pour éteindre son feu; l'avoine ensuite est dressée en dizeaux, ainsi qu'on le fait pour le blé. Les avis sont très-partagés sur les avantages ou les inconvénients du javelage. Dans l'arrondissement de Dunkerque, on aime assez que l'avoine ait reçu une ondée avant de la lier; néanmoins on ne se règle pas sur cette chance incertaine pour la rentrer. Dans les arrondissements d'Hazebrouck et de Lille, huit jours après que l'avoine a été coupée, on retourne les javelles, et quatre ou cinq jours après cette opération, si l'avoine est bien séche, on la lie et on la dresse aussitôt en monts, de même que pour le blé. M. Ducouvent, à Wandignies, près Marchiennes, attend, pendant une quinzaine de jours, que l'avoine ait reçu une pluie ; il la retourne alors et la laisse encore en javelles pendant huit jours ; au bout de ce temps, il lie et rentre immédiatement l'avoine.

MM. Fiévet, à Masny, laissent l'avoine en javelles pendant plusieurs jours ; s'il vient des pluies pendant ce temps, ils la retournent une ou deux fois, lient quand elle est bien sèche et rentrent aussitôt. M. Baucq, au Faux-Viviers, laisse son avoine en javelles pendant huit jours ; il la retourne le quatrième jour ; le huitième jour il la met en *tourelles*, c'est-à-dire qu'il place une botte debout, comme centre, et range tout autour dix autres bottes dont chacune est liée et se trouve, en outre, attachée aux autres par un lien commun. A Cambray et à Valenciennes, on attend, en général, que l'avoine ait reçu une pluie pour la rentrer ; cependant les bons cultivateurs se contentent de la laisser jeter son feu et la rentrent au bout de 10 ou 12 jours après l'avoir retournée une fois le huitième jour. Dans l'arrondissement d'Avesnes, le javelage trouve plus de partisans. On estime beaucoup les avoines qui ont reçu une ondée ; toutefois, nulle part, on attend obstinément la pluie pour rentrer. On croit que, passé trois semaines, les javelles étendues sur le sol perdent plus qu'elles ne gagnent à rester dans cet état ; tous s'accordent à dire que l'avoine javelée se bat plus facilement que celle qui n'a pas reçu d'eau, mais on ne trouve pas que le javelage lui donne plus de poids.

La récolte est mise en monts, comme pour le blé.

Le rendement de l'avoine est extrêmement variable dans les sept arrondissements du Nord : les chiffres suivants en feront preuve.

Dans l'arrondissement de Dunkerque, les uns obtiennent 20 hectolitres par mesure de 44 ares ; les autres, 30 à 35. MM. Anquié, près de Gravelines, trouvent que l'avoine dégénère facilement dans leur exploitation ; aussi renouvellent-ils, chaque année, leur semence, en la faisant venir des terres basses de Guines et de Vieille-Église (Pas-de-Calais).

M. Weymel, à la Chapelle-les-Armentières, récolte 140 hectolitres par bonnier (1 hectare 44 ares 87 centiares).

M. Ducouvent a 80 hectolitres par hectare.

M. Broy, à Cuincy, récolte 30 hectolitres par rasière de 42 ares 92 centiares.

M. Gruyelle, à Coutiches, retire 25 hectolitres par rasière de 47 ares.

M. Baucq, au Faux-Viviers, obtient 30 à 40 hectol. par rasière de 47 ares 22 centiares.

A Rosult, M. Legrand récolte 40 hectolitres par bonnier.

Enfin MM. Hamoir-Boursier, à Sautain, et Blanquet, de Famars, comptent, le premier, sur 15 hectolitres d'avoine, et le deuxième sur 18 hectolitres par mencaudée de 23 ares.

L'avoine est sujette au charbon, au miellat et à la rouille; on attribue généralement ces deux dernières maladies aux changements brusques de la température : le charbon est, dit-on, très-commun dans les années pluvieuses.

Battage et conservation des céréales.

Les céréales sont généralement battues au fléau dans le département du Nord ; ce n'est encore que par exception qu'on emploie des machines à battre. Ces dernières sont introduites depuis plusieurs années chez quelques grands cultivateurs; on en compte à peine une douzaine dans tout le département.

Deux procédés sont en vigueur dans le Nord pour la conservation des céréales. Le premier consiste à mettre la récolte en meules tantôt rondes, tantôt carrées et terminées en toits; dans ce cas, les meules sont couvertes avec des paillassons en paille, fortifiés de distance en distance par des liens. Par le second procédé, on rentre la récolte dans des granges, et l'on transporte le grain au grenier, à mesure que les gerbes sont battues. L'une et l'autre méthode comptent de nombreux partisans; cependant on donne généralement la préférence aux granges sur les meules.

Le sarrasin ou blé noir.

On ne rencontre la culture du sarrasin que sur des parcelles de terrain extrêmement circonscrites. Les terres, en général, dans le département du Nord, ont trop de valeur pour être consacrées à un produit aussi mince et aussi chanceux. Les communes de Raches, près Douay, Beuvry, près Coutiches, Rosult et Saint-Amand, dans l'arrondissement de Valenciennes, sont les seules qui m'aient offert ce genre de récolte; partout on réserve les sols les plus légers pour cette culture. On donne trois ou quatre labours qui ont pour but d'ameublir le sol, de le purger des mauvaises herbes et de l'échauffer. Le premier labour après le déchaumage a lieu avant l'hiver, il est de 135 millim.; le second se donne au printemps et ne pénètre qu'à 81 millim.; le troisième atteint 189 millim.; le quatrième labour ne fait qu'écroûter le sol. Entre chaque culture on donne un ou plusieurs hersages. Les semailles ont lieu dans le mois de juin; on répand la graine à la volée, dans la proportion de 90 litres par hectare, et on l'enterre à la herse. La réussite du sarrasin est entièrement subordonnée aux influences atmosphériques. Lorsque la terre a été convenablement préparée, les semailles bien exécutées, on n'a plus qu'à s'en remettre à la température. En général, on s'accorde à demander un temps sec pour la levée du sarrasin; pendant le cours de la végétation, on souhaite un temps alternativement chaud et pluvieux; les grands vents, au moment de la floraison, font souvent avorter la fructification du grain. On récolte quand la plus grande partie des graines est mûre. La plante se coupe au piquet; on la laisse étendue sur le sol pendant plusieurs jours, ensuite on la met circulairement en petites moyettes, ou, ce qui se pratique le plus souvent, on dresse de suite trois javelles sur le sol, en les écartant par le pied. On rentre quand la récolte est suffisamment sèche. La graine se bat au fléau ; la paille sert de litière. On obtient rarement plus de 16 à 20 hectolitres par bonnier ; mais telle est l'influence de la température sur le succès de la récolte, qu'un retard ou une avance de huit jours dans la semaille établit une différence extrême dans les résultats : aussi personne ne compte-t-il sur un produit assuré dans la culture du sarrasin.

—

LÉGUMES.

Pois.

On cultive deux variétés de pois dans le département du Nord : l'une naine et à fleurs blanches, presque exclusivement adoptée dans l'arrondissement de Dunkerque, où elle fournit un grain propre à la consommation du ménage ; l'autre, élevée et à fleurs rougeâtres, dont la graine est destinée au bétail.

Pois nains. — Dans l'arrondissement de Dunkerque, on change la semence tous les ans ; on la tire des sols sablonneux de l'intérieur, bien qu'elle ne cuise pas : les terres salines du littoral lui rendent cette propriété. Le sol reçoit trois labours : le premier, de 108 millim., pour déchaumer; le second, de 189 millim., a lieu vers la fin de novembre; on sème en mars ou avril sur un labour frais et superficiel. La terre, immédiatement avant cette dernière façon, est souvent hersée et roulée. On met de 100 à 120 litres par mesure de 44 ares; les raies, à 325 millim. de distance, sont toutes ensemencées ; deux femmes suivent la charrue et placent les pois à 54 millim. les uns des autres dans le sillon ouvert; la semence est enterrée par le second trait de charrue.

M. de Powers, aux Grandes-Moëres, suit un procédé différent. Dans sa culture, les pois reçoivent deux labours avant l'hiver ; l'un de 81 millim. et l'autre de 217 millim.; le troisième labour se donne au printemps et ne pénètre qu'à 135 millim. On met 100 à 115 litres par mesure de 44 ares; la semence est recouverte par un trait de herse, et, si la terre est motteuse, on fait passer le rouleau.

Lorsque les terres sont bien propres, MM. Anquié préfèrent planter les pois à la houe. Dans ce cas, on trace des raies dans toute l'étendue de la pièce, à 325 millim. les unes des autres, et on y répand le grain, de manière que chaque plante se trouve à 54 ou 81 mill. de celles qui l'avoisinent; on recouvre la semence au moyen d'une herse très-légère, puis on rondelle. Aussitôt que les pois ont 108 millim. de hauteur, on braque dans l'intervalle des lignes avec la grande houe; quinze jours ou trois semaines après, on donne un second bracage et l'on sarcle en même temps les pois. La récolte a lieu ordinairement vers le 15 août, alors que les pois ne sont ni trop verts ni trop mûrs; on reconnaît leur maturité quand la paille est jaune et que les deux tiers des graines sont bien formés. Les uns les coupent avec la faucille, les autres avec le piquet. Les javelles ont environ 406 millim. de diamètre; on les laisse huit ou dix jours sur terre, en ayant soin de les retourner une fois vers le quatrième jour; après ce temps, on les lie en bottes de 4 à 5 kilog., et on les rentre quand elles sont bien sèches. Les pois sont généralement regardés comme une récolte chanceuse; ils donnent en moyenne 10 à 12 hectolitres par mesure de 44 ares 14 centiares; la paille n'a que peu de valeur, et sert de provende pour les vaches et les moutons.

Plusieurs cultivateurs trouvent que les pois, loin d'épuiser la terre, la reposent; néanmoins ils pensent qu'ils ne doivent revenir que tous les dix ans sur la même pièce.

Pois élevés. — La culture de cette variété ne diffère de celle qui précède que parce qu'on la sème à la volée et que partout on la coupe au piquet : on croit qu'elle peut revenir tous les sept ou huit ans dans le même sol.

Fèves.

La culture des fèves varie sensiblement suivant les localités. Dans l'arrondissement de Dunkerque, on cultive deux variétés principales : la grosse fève grise-blanche, et la petite fève dite française; cette dernière est recherchée par les boulangers qui mêlent souvent sa farine dans celle du blé. On prépare le sol par trois labours : le premier, de 108 mill., se donne en août pour retourner l'éteule; le second, de 189 mill., a lieu au commencement de décembre après les semailles de blé; le troisième, de 108 mill., se donne en mars; immédiatement après, on conduit le fumier; on sème sur labour frais; deux femmes suivent la charrue et jettent les fèves dans le sillon ouvert, en les plaçant à 54 ou 81 mill. les unes des autres ; toutes les raies, espacées à 325 mill., sont ensemencées ; les semailles terminées, on herse et l'on roule.

M. Desgraviers, dans ses terres sableuses, après le dernier labour, attend, pour semer, que le sol se soit raffermi pendant une dizaine de jours ; il pense que cette récolte convient surtout aux terres fortes.

M. Villette, à Pradelles, arrondissement d'Hazebrouck, a reconnu par expérience que les fèves ne réussissent pas dans les sables rouges ; en revanche, elles viennent très-bien dans les terres argilo-glaiseuses, ou même dans les terres plus légères, mais qui ne contiennent pas d'oxyde de fer.

M. Cappon, dans l'arrondissement d'Hazebrouck, répand 1 hectolitre de fèves par mesure de 37 ares.

Dans le canton d'Armentières, M. Weymel, aussitôt la récolte enlevée, déchaume pour les fèves ; il donne, avant l'hiver, un labour de 81 millim. et un autre de 135 millim. qui enterre le fumier charrié en décembre ; au premier printemps, il herse, donne un labour de 54 mill., et, alors, des femmes placées de distance en distance répandent la semence dans les sillons en mettant les fèves à 108 milllim. les unes des autres. Il est d'expérience, dans le pays, que les fèves n'aiment pas à être semées trop dru, c'est pourquoi l'on dit proverbialement de la fève : Éloigne-toi de moi, je rapporterai pour toi; les raies, espacées à 271 mill., sont toutes plantées. On sème environ 3 hectolitres par bonnier (1 hectare, 41 ares 4 centiares).

M. Julien Lefebvre, à Hem-lès-Lannoy, sème les fèves à la volée; il les enterre par un coup de charrue qui les met en lignes.

M. Ducouvent, à Wandignies, après un déchaumage de 81 mill., donne, avant l'hiver, deux labours : le premier, de 108 mill.; le second, de 135; au sortir de l'hiver, il herse, conduit le fumier sur sa pièce, sème alors les fèves à la volée et enterre le tout par un labour de 81 à 108 mill. : il met environ 3 hectolitres et 1/2 par hectare.

M. Broy, à Cuincy, déchaume et donne un labour profond avant l'hiver; au printemps, il charrie son fumier, l'enfouit par un labour superficiel, fait passer la herse et sème 1 hectolitre et 1/2 à la rasière (42 ares 92 centiares): les fèves sont enfouies à la charrue.

Chez MM. Fiévet, à Masny, on prépare le

sol par un labour de 135 mill. donné avant l'hiver; le fumier est conduit au printemps et enterré par un labour superficiel; on herse, on laboure à 108 mill. de profondeur; un homme suit le laboureur et jette la semence dans la raie, un autre tire le fumier par-dessus.

M. Gruyelles, à Coutiches, met ses fèves après avoine, quelquefois après blé. Après avoir déchaumé, il donne un labour de 217 mill. avant l'hiver, herse au printemps, charrie son fumier, sème dessus 5 hectolitres et 1/2 de fèves par trois rasières (1 hectare 41 ares), enterre le tout à la charrue, et fait ensuite passer légèrement la herse.

La même méthode est suivie à Rosult (arrondissement de Valenciennes), avec cette différence essentielle que la couche arable ne permet de donner qu'un labour de 81 ou 108 mill. avant l'hiver. Les fèves sont aussi semées dans la raie.

Enfin M. Hamoir-Boursier, à Sautain, tantôt plante ses fèves au louchet, tantôt les sème avec le semoir Delfosse : dans le premier cas, il y a dix ou douze fèves par mètre; dans le second cas, les fèves sont à 108 mill. les unes des autres; toutes les raies sont distantes entre elles de 325 mill.

Les fèves sont généralement semées en avril. Dans certaines localités, dès qu'elles commencent à lever, on les herse et on les roule; plus tard, si elles contiennent des mauvaises herbes, on les sarcle. Dans quelques cantons, aussitôt qu'elles ont 54 ou 81 mill., on bien entre les lignes et l'on sarcle ensuite deux fois dans les raies; plusieurs cultivateurs, après le premier sarclage et lorsque l'herbe est bien sèche, font passer le rouleau sur le champ de fèves.

MM. Anquié, au Fort-Philippe, binent entre les lignes vers la fin de mai et quelquefois encore une seconde fois dans les premiers jours de juin ; ils sarclent ensuite à la main vers le 15 juin quand les fèves commencent à monter.

La fleuraison est regardée comme une époque critique pour les fèves; celles-ci sont alors attaquées par la miellée et la rouille, qui, d'abord peu apparentes sur les feuilles, s'étendent sous forme de taches de plus en plus foncées et envahissent parfois toute la plante : la récolte, dans ce cas, est bien compromise. On aime, en général, que les fleurs ne soient pas trop près les unes des autres aux articulations, afin que le grain soit mieux nourri. On récolte quand les fèves commencent à noircir.

Les uns arrachent les plantes, mais on trouve que ce mode leur fait *perdre de la main*; les autres, et c'est ce qui se pratique le plus souvent, se servent du piquet. Les procédés de dessiccation varient peu. Dès que les fèves sont coupées, on les laisse huit ou dix jours en javelles, puis on les lie en petites bottes qu'on dresse sur le sol par chaînes de dix bottes chacune; deux bottes, placées au centre et appuyées l'une contre l'autre par leurs têtes, servent de base commune; quatre autres bottes, mises vis-à-vis l'une de l'autre sur deux rangs, occupent deux côtés des bottes centrales : elles sont toutes écartées du pied, de manière que l'air puisse circuler librement au milieu de la chaîne. Dans le canton d'Armentières, on met les fèves en meulons comme pour le blé; dans l'arrondissement de Douay, elles sont disposées en monts et en chaînes : ces dernières sont généralement préférées.

Les fèves, année ordinaire, rendent 12 à 15 hectolitres, dans l'arrondissement de Dunkerque, par mesure de 44 ares 4 centiares. Près de Cassel, on compte sur 6 hectolitres par mesure de 35 ares dans les terres glaises, et 6 à 10 hectolitres dans les terres argilo-siliceuses. M. Weymel, dans l'arrondissement de Lille, obtient 48 hectolit. par bonnier (1 hectare 44 ares 87 centiares). M. Ducouvent, à Wandignies, récolte de 25 à 30 hectolitres par hectare.

On conserve généralement les fèves en meules ; la graine s'extrait par le battage au fléau. La paille sert, le plus souvent, de combustible ; les cendres qui en proviennent sont très-estimées, elles le sont moins cependant que les cendres des tiges d'œillettes. Les fèves sont considérées comme peu épuisantes. Dans les terres fortes, on peut les faire revenir tous les trois ou quatre ans ; mais, dans les terres légères, on croit que leur retour ne doit avoir lieu, au plus tôt, qu'à la sixième année.

Haricots.

Les haricots sont cultivés principalement à Warhem, dans l'arrondissement de Dunkerque ; à Nieppe, Bailleul et Merville, dans l'arrondissement d'Hazebrouck ; à Armentières, dans l'arrondissement de Lille, et à Pecquencourt, dans l'arrondissement de Douay. La variété naine entre seule dans les assolements ; les haricots ramés ne sont cultivés que dans les jardins.

A Bailleul, Nieppe, Merville et Armentières, on pioche deux ou trois fois le sol à la houe, mais en ne donnant que des cultures superficielles, afin d'avoir la terre la plus meuble possible à la surface, et que le fond reste ferme : les haricots réussissent d'autant mieux que cette double condition se trouve mieux remplie. Avant de semer, on met environ 300 kilogrammes de tourteaux par mesure de 44 ares, ou bien 60 hectolitres de courte-graisse, et l'on herse une ou deux fois. On trace ensuite à la houe des lignes de 54 mill. de profondeur, et de telle sorte qu'elles soient espacées à 406 mill. les unes des autres ; on plante les haricots un à un dans les lignes en les espaçant à une distance de 135 mill., on rabat la terre par un léger coup de pioche, puis on passe une herse légère ou bien un râteau par-dessus la semence; on la roule encore si le temps est à la sécheresse. Les haricots reçoivent deux ou trois binages pendant le cours de la végétation.

A Warhem, le champ qui doit porter des haricots reçoit trois ou quatre labours. Avant l'hiver, on se borne à déchaumer; dans les premiers jours de mai, alors que la terre est un peu réchauffée, on donne le premier la-

bour à 81 mill., le deuxième huit jours après
et à la même profondeur : les cultures superficielles sont regardées ici comme absolument
nécessaires pour la réussite des haricots ; il
faut, disent les gens du pays, que leur racine
se chauffe toujours au soleil. On fume très-
légèrement pour cette récolte, c'est-à-dire
qu'on ne met que cinq chariots de fumier, pesant ensemble 3,000 kilog. par mesure de
44 ares ; une fumure trop abondante donne-
rait plus de feuilles que de grains. La plantation doit avoir lieu au plus tard du 20 au
25 mai. Quelques-uns plantent à la houe,
mais la méthode la plus usitée et regardée
comme la meilleure, à Warhem, est de semer
à la charrue ; une femme suit le laboureur et
répand environ 110 à 115 litres par mesure.
On met de 3 à 6 haricots ensemble, ou, mieux
encore, 4 par 325 mill. de distance dans
les sillons ; toutes les raies sont ensemencées,
et les touffes de haricots sont à 325 mill.
les unes des autres. On braque une première
fois lorsque les plantes ont 54 à 81 mill. ;
le deuxième binage, quand il a lieu, se donne
douze ou quinze jours après le premier ; on
sarcle ordinairement une fois.

A Pecquencourt, le procédé diffère un peu

des méthodes qui précèdent. On déchaume, on laboure ensuite à 162 ou 217 mill.; le fumier est conduit en novembre et enterré par un coup de binot; on préfère appliquer l'engrais à cette époque plutôt qu'en mars, parce qu'il est d'expérience ici que les haricots réussissent mieux sur une vieille que sur une nouvelle fumure. Si la terre n'est pas sale, on la laisse en cet état jusqu'au mois d'avril. On laboure alors à 81 mill. pour réchauffer le sol; on donne une seconde culture au commencement de mai, puis l'on herse et l'on ploutre, afin d'*adoucir* la terre et de la tenir un peu fraîche. Si l'année est humide, on trace des raies de 27 mill. de profondeur avec la houe, et l'on y plante les haricots, en ayant soin de mettre quatre ou cinq grains par 325 mill. de distance; on espace les lignes à 271 mill. les unes des autres. Lorsque les cotylédons sont tout à fait flétris et que les haricots sont bien en feuilles, on donne un binage entre les lignes, on sarcle 8 ou 15 jours après, et l'on donne ensuite un léger buttage.

L'arrachage des haricots s'exécute à la main. Une fois détachés du sol, les uns les laissent sécher sur terre, la tête renversée en bas et les racines en haut, les autres les laissent seulement pendant quelques jours dans cette position ; quand la récolte est suffisamment sèche , ils enfoncent fortement en terre une perche de 3 à 5 mètres de hauteur et rangent tout autour les haricots en forme de moyettes, les racines tournées en dedans et les têtes en dehors. Ces moyettes sont pyriformes , c'est-à-dire que leur circonférence va toujours se rétrécissant de la base au sommet. Lorsque la moyette est montée à la hauteur de 4 mètres environ, on la couronne par une botte de haricots qu'on serre avec un lien contre la perche. La récolte , disposée de cette manière , ne craint pas la pluie ; elle se conserve en moyettes aussi bien que dans la grange.

Ceux qui font sécher les haricots sur terre, sans les mettre en moyettes , les conservent dans leurs gousses au grenier jusqu'à la vente; ils les rangent par paquets , et ils ont bien soin de les préserver de l'humidité, parce que les haricots tachés (atteints par la moisissure) perdent presque toute leur valeur.

On obtient de 15 à 18 hectolitres par demi-hectare.

Les haricots réussissent très-bien après l'avoine. A Warhem, le trèfle est souvent semé dans cette récolte, qu'on place de préférence dans les sols sablonneux. Dans cette localité, on croit qu'il vaut mieux ne les faire revenir que tous les dix ans ; à Bailleul, Nieppe, Merville , Armentières et Pecquencourt , ils reviennent, tous les 6 ou 8 ans, dans la même sole. Les haricots sont généralement regardés comme peu épuisants.

PLANTES OLÉAGINEUSES.

Colza.

Le colza forme un des produits les plus importants pour plusieurs arrondissements du Nord, surtout pour celui de Lille. On le place tantôt après de l'hivernage , des vesces , quelquefois aussi après une jachère, un trèfle , un blé , une avoine ou du sucrion. Dans le canton d'Armentières, le colza qui succède à l'hivernage, ou bien à des vesces pures, reçoit, en général, trois labours ; on déchaume à 54 millim., le deuxième labour pénètre à 80 ou 108 millim., le troisième à 217 mill. de profondeur ; on répand alors la courte-graisse, on dispose le terrain en planches de 2 m. 599 mill. et l'on tire des rigoles à travers la pièce.

M. Broy, au Cuincy, après blé ou sucrion, donne d'abord deux cultures superficielles ; il herse ensuite, puis il *lague* son champ, c'est-à-dire qu'il le dispose en planches de 2 à 2 mètres 1[2.

Dans l'arrondissement d'Hazebrouck, le colza sur jachère reçoit 5 à 6 labours ; il devient si vigoureux qu'on est obligé de le couper avec une serpe ; il suffit d'une faucille quand il succède à un blé.

Après un trèfle, on suit deux méthodes : la première consiste à rompre le chaume aussitôt la première coupe enlevée ; on donne ensuite deux labours, et, dans l'intervalle de chacun d'eux, on herse en long et en travers : le champ est disposé en planches de 2 mètres 599 mill. Par la seconde méthode, on ne donne qu'un seul labour, après avoir pris une seconde coupe de trèfle, et l'on ameublit la terre au moyen de hersages et de roulages répétés.

Le colza est généralement repiqué, et, dans ce cas, c'est toujours sur labour frais et souvent aussi sur labour en ados qu'a lieu la transplantation ; dans plusieurs localités, on le sème aussi à la volée dans la proportion d'un litre par demi-hectare.

Le colza qui doit être repiqué est semé sur pépinière bien fumée, faite sur un chaume de lin ou après des vesces et de l'hivernage ; on sème à la volée en août, et l'on a soin de tenir la pépinière nette de mauvaises herbes. Quelquefois, afin d'avoir un plant bien vigoureux, on arrose la pépinière de courte-graisse avant l'ensemencement ou peu de temps après que les plantes sont levées. Le repiquage a lieu en octobre. Un ouvrier, muni d'un plantoir à 2 branches, fait des trous, à 135 mill. les uns des autres, dans les lignes, qui sont distantes entre elles de 325 mill.; trois enfants ou jeunes filles suivent chaque planteur, posent le colza dans les trous et appuient avec soin la terre avec le pied. Cette précaution est regardée comme essentielle, car, lorsque les trous sont bien bouchés, on obtient plus de produits. On choisit de préférence le plant qui a 162 mill. de hauteur ; mis en terre, il ne sort que de 108 mill., et l'on n'aime pas qu'il soit trop haut avant l'hiver, pour que la neige puisse le recouvrir complétement et que le vent ne le déchausse pas. Quinze jours ou trois semaines après le repiquage, lorsque les plantes ont bien repris, on *palote* la pièce : un homme armé d'un louchet creuse de toute la longueur du fer les *ruots* qui divisent le terrain en planches : les ruots sont larges tantôt deux fois, tantôt trois fois comme le fer du louchet ; l'ouvrier place la terre qui en provient entre les lignes de colza. Certains cultivateurs, lorsque le sol n'est pas assez riche, répandent des tourteaux immédiatement avant de paloter. On trouve que, mis à la main au pied des colzas, ils produisent plus d'effet que si on les semait à la volée. Au premier printemps, la terre, extraite des ruots et déposée par mottes entre les lignes, est écrasée avec de petites houes. Cette opération, qui a surtout pour but de rechausser la plante, est souvent précédée par une fumure de tourteaux qu'on met au pied des colzas. Si le sol est sali par les mauvaises herbes, on donne un sarclage à la main ou un binage à la houe ; quelquefois encore, comme à Douay, un ouvrier approfondit de nouveau les ruots et palote une seconde fois.

La récolte a lieu ordinairement vers la fin de juin ou dans les premiers jours de juillet. On coupe le colza lorsque les deux tiers des siliques commencent à jaunir : on se sert, à cet effet, d'une faucille et, plus rarement, d'une serpe. Quand il fait beau, on laisse pendant trois ou quatre jours la récolte en javelles, puis on la met en meules; s'il survient du mauvais temps, on attend, avant d'emmeuler, que le colza soit suffisamment sec. Les meules se font de la manière suivante : on choisit un endroit du champ un peu élevé et bien battu; une première rangée de javelles, posant tout à fait à plat sur le sol et mise en travers, occupe toute l'étendue que doit avoir le diamètre de la meule. Sur ces javelles on en pose d'autres, couchées à demi, jusqu'à ce que le pied de la meule ait acquis le développement qu'on veut lui donner. Ce pied terminé, on place tout à l'entour de la meule des brassées de javelles dont les têtes ou les siliques sont tournées en dehors; on apporte d'autres javelles qu'on place en dedans de la première rangée extérieure, et l'on continue ainsi à se rapprocher du centre, jusqu'à ce que le vide du milieu de la meule soit comblé : le lit est assis de cette manière. On élève alors la meule en appliquant les javelles les unes sur les autres, de telle sorte que la circonférence se trouve remplie par des javelles dont la tête regarde alternativement l'extérieur et l'intérieur de la meule. A partir d'une certaine hauteur, celle-ci diminue progressivement d'étendue ; elle finit ordinairement par un cône plus ou moins aigu. Quelques cultivateurs donnent encore à leurs meules la forme d'un carré allongé, qui se termine à son sommet par une double toiture. On assure que le colza, mis ainsi en meules, acquiert plus de qualité que celui qui est laissé en javelles sur le sol ; la graine achève de s'y mûrir parfaitement, à la faveur de la fermentation qui se développe au sein de la meule, elle prend plus de volume, devient plus noire, acquiert de *la main*, et surtout elle rend plus d'huile : c'est la meilleure manière que l'on connaisse pour conserver le colza. Ceux qui le laissent en meules, pendant un mois ou six semaines, se dispensent, en général, d'y mettre une couverture de paille ; mais, lorsqu'on lui fait passer une partie de l'hiver sous cet état, on croit nécessaire de l'en revêtir. L'emmeulage du colza offre encore cet avantage, que, les gerbes enlevées, on peut donner aussitôt une culture à la herse pour faire lever les mauvaises herbes et les enterrer ensuite par un labour : méthode excellente et que l'on apprécie partout dans le département du Nord où le déchaumage suit immédiatement la moisson.

Le battage du colza s'exécute le plus souvent en plein air ; pour cela, on étend sur le sol, battu avec soin, une bâche en toile ; de jeunes filles apportent sur leur tête les gerbes de colza enveloppées dans des toiles, et, aussitôt qu'elles les ont renversées sur la bâche, des ouvriers se mettent à battre le colza. Lorsque la graine est extraite, on enlève la paille avec des râteaux pour la mettre de suite en tas. La graine est passée tantôt au tarare, sur le champ même, tantôt elle est transportée à la ferme pour y subir cette opération.

A Lille, dans les années ordinaires, on obtient cinquante hectolitres de colza par bonnier (1 hectare 41 ares) ; à Douay et dans les autres arrondisssments, on ne compte guère que sur 35 à 40 hectolitres ; du reste, tout le monde convient que cette récolte est très-chanceuse et qu'il est impossible d'en fixer rgoureusement le rendement moyen.

La paille de colza sert de litière qu'on regarde comme médiocre, souvent aussi elle s'emploie comme combustible ; les racines sont arrachées à la main ou au louchet par les ouvriers auxquels on les accorde en guise de profit : ils s'en servent comme combustible après les avoir dressées en pyramides pour les faire sécher.

La plupart des cultivateurs considèrent le colza comme peu épuisant, mais néanmoins comme exigeant des engrais abondants, si l'on veut qu'il donne de riches récoltes. Quelques-uns croient qu'il ne faut pas le faire revenir avant six ou sept ans, même dans les bonnes terres argileuses ; d'autres admettent son retour dès la quatrième année ; quelques-uns, enfin, le ramènent, tous les trois ans, sur la même sole. Le blé qui succède au colza bien réussi est ordinairement très-beau et riche en grains.

Colza d'été.

On ne sème cette variété que bien rarement et seulement encore lorsque le colza d'hiver a péri et qu'on ne peut plus le remplacer par la navette ou l'œillette. On donne un ou deux labours au printemps ; on sème à la volée et l'on enterre par un hersage en croix. La récolte a lieu de la même manière que pour le colza d'hiver.

Navette.

La navette, moins cultivée que le colza, est plus sensible à la gelée que cette plante ;

mais, comme on peut la semer plus tard, on la place quelquefois dans les champs qui n'ont pu recevoir à temps les préparations pour l'autre récolte. Sa culture est la même que celle du colza.

Cameline.

La cameline, désignée sous le nom impropre de camomille, se place ordinairement à la suite d'une céréale, très-souvent après le blé. La terre destinée à porter cette plante reçoit 5 à 6 labours. Dans les environs de Lille, aussitôt la récolte enlevée, on déchire (déchaume) la terre à 54 mill. ; le deuxième labour a lieu à 81 mill., le troisième à 135 mill.; après l'hiver, on donne un premier labour de 108 mill. ; dans le courant d'avril, on herse en long et en large, et, dans le courant de mai, on donne un autre labour de 162 mill. , puis un hersage qui précède immédiatement la semaille.

Dans l'arrondissement de Douay, la méthode est un peu différente : on déchaume et l'on donne un labour de 162 mill. avant l'hiver. Si la terre n'est pas assez riche, on la fume avec du fumier court conduit en décembre. Au printemps, on laboure à 108 mill. et on laisse reposer la terre jusqu'à l'époque des semailles ; ce moment arrivé, on laboure une dernière fois, et l'on herse une ou deux fois le sol.

Les semailles ont lieu ordinairement à la fin de mai ou dans les premiers jours de juin; cette dernière époque est généralement préférée, et l'on dit proverbialement que la levée de la camomille ne doit jamais voir le soleil de mai. On répand la graine à la volée, dans la proportion de 2 à 3 kilog. par demi-hectare, et on la recouvre avec une herse très-légère; quelques jours après, on roule, afin de conserver un peu de fraîcheur dans le sol. Dès que la plante commence à pousser, on sarcle à la main si les mauvaises herbes se montrent dans le champ. La camomille est-elle trop drue, on l'éclaircit là où elle surabonde; on n'a plus alors qu'à attendre la récolte. Pendant la floraison, beaucoup de cultivateurs aiment que le temps soit couvert : les grains, suivant eux, nouent mieux ainsi que par un soleil ardent. La maturité se reconnaît à la couleur jaune des plantes. Quelques-uns coupent la camomille avec le piquet ; mais on regarde comme préférable de l'arracher à la main quand elle est bien jaune. Plusieurs cultivateurs la laissent en javelles pendant 7 ou 8 jours, ils la lient ensuite en petites bottes et la mettent en meulons ; d'autres lient aussitôt la camomille et la laissent en bottes sur le sol, convaincus que, dans cet état, les pluies lui font peu de tort. Dans certaines parties de l'arrondissement de Douay, on laissait autrefois la récolte en javelles sans la lier; mais, par de grandes pluies, il était impossible de la faire sécher, et souvent elle pourrissait ; aussi a-t-on renoncé à ce procédé. Ceux qui suivent la première méthode battent la camomille sur le sol même, après qu'elle est restée quinze jours ou trois semaines en meulons ; les autres la rentrent lorsqu'elle est bien sèche et l'engrangent en attendant le battage, qui a lieu pendant l'hiver.

La camomille est regardée par beaucoup de cultivateurs comme la ruine des terres. M. de Powers, aux Grandes-Moëres, pense que cette propriété épuisante est commune aux autres grains de mars, tels que l'avoine et le colza d'été, dont la végétation s'effectue en peu de temps. Cette récolte est très-casuelle. A Armentières, on compte sur 36 hectolitres par bonnier (1 hectare 41 ares 87 centiares). A Douay on obtient 10 hectol. par demi-hectare.

On croit, en général, que la camomille ne doit pas revenir avant sept ou huit ans sur la même sole.

Pavot ou œillette.

L'œillette occupe souvent la place de la jachère dans le département du Nord ; on la sème aussi après le colza qui a péri dans le courant de l'hiver. En général, on ne donne, avant l'hiver, qu'un déchaumage et un seul labour, dont la profondeur varie de 162 à 217 mill. suivant les localités. La terre, pour cette récolte, doit avoir été fumée de bonne heure et avec des engrais décomposés, parce que l'œillette demande une nourriture de facile absorption, et qu'on ne saurait trop éviter de multiplier les frais de sarclage déjà très-coûteux pour cette plante. Au premier printemps, on se contente souvent de herser et de rider à plusieurs reprises avec les têtes de la herse retournée, lorsque les gelées ont suffisamment ameubli la terre ; mais, si l'hiver a été doux ou si le sol se trouve battu, on le relève par un labour de 54 à 81 mill., suivi de hersages et de roulages répétés, jusqu'à ce que la terre soit en bon état. On regarde comme essentiel pour la réussite de l'œillette d'amener la surface du sol à un ameublissement complet, tout en conservant le fond ferme; il faut surtout avoir soin de ne prendre la terre que lorsqu'elle est bien ressuyée, car les cultures données en temps humide sont tout à fait contraires à l'œillette. Les semailles ont lieu dans le courant de mars; immédiatement avant de répandre le grain, on fait passer une herse fine sur le sol, et l'on sème à la volée dans la proportion de 1 1/2 à 2 litres par hectare. Plusieurs cultivateurs, lorsque le temps est à l'humidité, ne recouvrent pas la graine; d'autres l'enterrent par un coup de herse très-léger, quelquefois suivi d'un tour de rouleau, quinze jours ou trois semaines après, si l'on voit que l'œillette languit. Cette plante reçoit ordinairement trois binages : le premier a lieu aussitôt que l'œillette a quatre ou cinq feuilles. Lorsqu'on n'a pu fumer avec du fumier d'étable pendant l'hiver, on profite du premier binage pour y mettre des tourteaux ou de la courte-graisse; on répand environ 2,000 kil. de tourteaux par bonnier (1 hectare 41 ares 87 cent.). Au deuxième binage, les plantes sont espacées; elles ont alors 81 mill. de hauteur : les uns les placent à 108 mill. en tous sens, les autres à 162 mill.; quelques-uns, mais par exception, à 325 mill. Tous les binages se donnent avec la petite binette : on recommande partout de n'entrer dans le champ que quand le temps est bien sec ; par un temps humide, la plante rougit. Le dernier binage a lieu en juin. La maturité de l'œillette arrive ordinairement en août et coïncide presque toujours avec la récolte du blé. On reconnaît que l'œillette est mûre lorsque les têtes (capsules) deviennent violettes et s'ouvrent ; on prend alors les plantes par la tête et on les sépare du sol en donnant un coup de pied près du collet de la racine. Dès qu'on a une poignée suffisante de tiges, on les lie par petites bottes, près de la tête, avec un lien de paille, et on les dresse en monts qu'on fortifie par deux liens, en leur donnant en même temps du pied. Dix jours après que l'œillette est restée dans cet état, exposée à l'action de l'air et de la chaleur, et que les capsules ont achevé de s'ouvrir, on conduit auprès des monts une cuve montée sur une brouette et l'on y fait tomber la graine d'œillette, en secouant deux bottes l'une contre l'autre au-dessus de la cuve. A mesure que la cuve est pleine, on vide la graine dans des sacs, que l'on transporte immédiatement à la ferme. Lorsque toutes les bottes

ont subi cette première opération, on les remet
en monts pour être soumises à la même manœu-
vre, quatre ou cinq jours après, lorsque le
temps est bien sec. Dans certains arrondissements, notamment dans celui d'Hazebrouck,
au lieu de cuve pour recevoir la graine, on se
sert d'un drap attaché par les quatre coins à
autant de piquets fichés en terre et disposés
de telle sorte que le drap présente la forme
d'un entonnoir. On secoue les tiges d'œillette
au-dessus, on remet l'œillette en monts, et six
à huit jours après, lorsque le temps est favorable, on extrait ce qui reste de graines aux
parois des capsules ; toutes les tiges sont liées
ensuite en bottes et mises en meules dans la
cour pour servir de combustible ; les cendres
qui en proviennent sont très-recherchées.

Dans l'arrondissement de Lille, on obtient
45 à 50 hectolitres de graines par bonnier
(1 hect. 41 ares 87 cent.).

Dans les arrondissements de Cambray,
Douay, Valenciennes et Hazebrouck, on
compte rarement sur plus de 20 hectolitres
par hectare.

Suivant certains cultivateurs, l'œillette peut
revenir, tous les six ou sept ans, sur la même
sole ; d'après quelques autres, on peut, sans

inconvénient, en semer, tous les trois ou quatre ans, dans les terres argileuses. Cette récolte n'est pas regardée comme très-épuisante.

—

PLANTES TEXTILES.

Lin.

Suivant qu'on cultive le lin de telle ou telle manière, on en obtient deux produits différents : du lin de gros ou du lin de fin.

Lin de gros.

Le lin de gros se place souvent après un blé de trèfle ou même après une avoine qui a suivi un blé ; tantôt encore on le sème après un chanvre ou des pommes de terre, tantôt après un trèfle ou sur une pâture rompue. D'après l'époque des semailles, on en distingue deux variétés : le lin de mars et le lin de mai.

Lin de mars. — Dans l'arrondissement de Dunkerque, après un blé ou une avoine, on ne donne qu'un seul labour de 162 mill. avant l'hiver ; à la fin de février ou dans les premiers jours de mars, lorsque la terre est bien ressuyée, on binote (on laboure superficiellement) pour échauffer le sol, on le laisse ainsi pendant quatre jours ; après ce temps, on donne deux hersages suivis d'un tour de rouleau lorsque la terre a reçu un coup de soleil, on ploutre ensuite pour ameublir le sol ; toute façon cesse alors pendant quelque temps ; néanmoins, si les mauvaises herbes commencent à poindre, on les détruit par un trait de herse ; à quelques jours de là, on donne deux hersages avec la petite herse, et deux jours après on roule pour répandre bien également la semence.

M. de Powers, aux Grandes-Moïres, déchaume aussitôt la récolte d'avoine enlevée; il donne, au mois de novembre, un premier labour de 162 mill.; en mars ou même en février, si le temps et le sol le permettent, il laboure à 81 mill., fait passer le ploutroir si la terre est encore motteuse, et herse à différentes reprises avant la semaille. Sur une pâture rompue, il déchaume d'abord à 54 mill., puis il laboure à 189 ou 217 millim. avant l'hiver ; dès le 15 février, il donne plusieurs hersages croisés, et souvent il sème à la fin du mois.

Dans l'arrondissement de Lille, M. Weymel, après un trèfle, laboure sa pièce en une ou deux fois à 108 ou 135 mill. avant l'hiver, sui-

vant que le trèfle est propre ou sali par les
mauvaises herbes; au premier printemps, il
attend que la terre soit bien ressuyée; il herse
d'abord en long et en large avec une herse à
dents très-écartées pénétrant à 54 mill.; il
fait ensuite passer une petite herse à dents très-
rapprochées, rondèle, herse, rondèle et herse
encore, jusqu'à ce que toute la surface soit
meuble comme des cendres, le fond restant
ferme : lorsqu'il fume son lin, il répand
100 kilogrammes de tourteaux et dix tonneaux
de courte-graisse au cent de terre, quinze
jours avant de donner les dernières façons.

Dans le canton d'Arleux, après avoir renversé le chaume d'avoine, on donne un labour
de 217 à 271 mill. avant l'hiver; au printemps, si les gelées ont été fortes, on ne donne
pas de nouveaux labours, à moins que la terre
n'ait été battue par les pluies; mais on herse
à différentes reprises jusqu'à ce que la surface
soit bien meuble; on aime que le fond soit
ferme.

Dans le canton de Douay, sur un trèfle, plusieurs cultivateurs ne donnent qu'un seul labour de 81 à 108 mill. pour retourner l'éteule;
tout le reste se fait à coups de herse et de rouleau dans le mois de mars jusqu'à ce que la

surface soit parfaitement ameublie; quinze jours ou trois semaines avant les semailles, on répand cinq cents tourteaux de colza ou d'œillette en poudre par rasière de 42 ares 92 centiares ; on croit que, s'ils étaient mis de suite sur le lin, ils le brûleraient. Plusieurs cultivateurs de cet arrondissement assurent qu'après des pommes de terre le lin a plus de longueur et de finesse.

A Flines, pays sablonneux renommé pour cette culture, le lin est mis sur un chaume de blé, de trèfle, sur une avoine ou sur du chanvre; on déchaume, on herse, puis on donne un labour de 81 à 108 mill.; en novembre, on charrie, par rasière de 47 ares 22 centiares, 20 voitures de fumier consommé pesant chacune 1,500 kil. et l'on enterre l'engrais par un labour de 217 mill. Au mois de mars, on répand 800 kilog. de tourteaux, moitié de colza et moitié de camomille, quatre jours avant de semer, et l'on herse à différentes reprises jusqu'à ce que la terre soit bien unie : on dit communément, ici, qu'il faut herser le champ de lin jusqu'à ce que le clou du cheval marque sur le sol ; les hersages doivent toujours avoir lieu par un temps sec; il est aussi d'expérience que, si la terre est trop meuble, les insectes rongent le lin à sa levée, et l'on s'expose à n'avoir qu'une mauvaise récolte.

Les semailles de lin de mars ont lieu, en général, vers la fin de ce mois, ce qui lui a fait donner son nom; la graine, renouvelée tous les deux ans, est tirée de Riga.

Dans l'arrondissement de Dunkerque, on sème un hectolitre par mesure de 44 ares 4 centiares.

M. Weymel, à la Chapelle-les-Armentières, répand 3 hectol. 3/4 par bonnier de 1 hectare 44 ares 87 centiares.

Dans l'arrondissement de Douay, on répand tantôt 1 hectol. par rasière de 48 ares, tantôt 90 litres par rasière de 42 ares 92 centiares.

A Coutiches, on met 125 litres par rasière de 47 ares.

A Flines, enfin, on emploie 175 litres par rasière de 47 ares 22 centiares.

Plusieurs cultivateurs enterrent la graine par un hersage très-léger donné quelquefois en croix, et roulent deux ou trois jours après, si le temps le permet. M. Cappon, à Vieux-Berquin, enterre le lin à la houe; à Flines, on recouvre la semence avec une herse à dents très-serrées; ce sont des hommes qui traînent l'instrument; le lendemain, s'il fait beau, si la terre a blanchi et s'est bien ressuyée, on donne un tour de rouleau. Dans le canton d'Armentières, aussitôt que le lin a atteint 27 mill. de hauteur, on lui donne un premier sarclage. Pour cette opération, des enfants ou des jeunes filles, placés de front sur une ligne, s'avancent à genoux, les pieds garnis de chaussettes en toile; ils arrachent à la main les mauvaises herbes, les laissent sur terre quand il fait sec, parce que le soleil les a bientôt desséchées; sinon, quand il fait humide, ils les déposent au fur et à mesure par petits tas, et, le soir, une personne munie d'une manne vient les enlever du champ : un contre-maître surveille ce sarclage ainsi que celui qui suit assez souvent.

On récolte, en général, quand la tige et la capsule commencent à jaunir; mais on n'attend pas que le lin soit tout à fait mûr, car alors la filasse serait de médiocre qualité, et la graine, bien que meilleure, comme semence, ne compenserait pas la perte qu'on éprouverait dans le produit principal. Le lin s'arrache à la main : dès que l'ouvrier en a une forte poignée dans chaque main, il les dépose en croix l'une sur l'autre sur le sol et poursuit son travail. On laisse le lin en javelles pendant vingt-quatre heures et on le met ensuite en chaînes, c'est-à-dire que les têtes sont appuyées l'une contre l'autre, le pied étant écarté de manière à laisser un vide dans le milieu sur toute la ligne. Lorsque la graine est assez sèche pour qu'on puisse facilement la détacher avec l'instrument appelé *masse*, on lie le lin en bottes très-serrées contenant environ huit fortes poignées, et l'on dresse ces bottes en monts sur trois rangs : cette opération, généralement usitée dans l'arrondissement de Lille, n'a lieu, dans les autres localités, que lorsque l'on craint le mauvais temps. Si la récolte n'est pas vendue à l'avance, on rentre le lin à la ferme quelques jours après qu'il est resté en monts ; on commence alors par délier les bottes pour les exposer au soleil pendant une couple d'heures, on détache ensuite la graine avec la masse, puis on lie le lin par bottes de 10 kilogrammes et on le porte au routoir. Pour le rouissage, les uns préfèrent les eaux dormantes; les autres, au contraire, veulent une eau courante ; sur les bords de la Lys où l'on fait rouir une quantité considérable de lin, on aime que l'eau coule très-lentement. Dans le pays au bois (arrondissement de Dunkerque) et dans plusieurs cantons d'Hazebrouck, on emploie de préférence, pour le rouissage, l'eau qui a déjà servi plusieurs fois à cet usage, et l'on trouve que plus elle est chargée, plus la filasse acquiert de poids et de douceur au toucher. En général, la plupart des cultivateurs vendent leur lin sur pied, et, partant, n'ont point à s'occuper des embarras du rouissage : les frais d'arrachage et de dessiccation sont tantôt au compte de l'acheteur, tantôt au compte du fermier. La durée du rouissage varie suivant l'état de l'atmosphère et la qualité du lin. Si la récolte a reçu de l'eau pendant qu'elle était en chaînes ou en javelles, ce qui la fait noircir, il ne faut souvent que trois ou quatre jours pour que le lin soit roui ; dans le cas contraire, il faut souvent quinze ou vingt jours : on sait qu'une température à la fois chaude et humide accélère beaucoup le rouissage. Le petit nombre de cultivateurs qui, faute d'eau, font rouir leur lin à la rosée se bornent à le laisser sur le sol et à le retourner le matin, tous les trois ou quatre jours ou même tous les jours, s'il pleut. On reconnaît que le lin est suffisamment roui quand l'écorce se détache aisément en plaçant le brin en travers sur le doigt ; il faut alors le retirer de l'eau le plus promptement possible, car la fermentation altérerait ses qualités ; on le fait sécher indifféremment sur une pâture ou sur une terre à labour, en le dressant par petits paquets dont on écarte le pied. Par un beau temps, il suffit souvent de trois ou quatre jours pour sécher la récolte.

Le rendement du lin de mars varie beaucoup, suivant que l'année a été plus ou moins favorable.

Dans l'arrondissement de Dunkerque, on estime qu'un bon lin doit rapporter deux cent cinquante bottes de 1 kilog. 1/2 par mesure de 44 ares 4 centiares. M. de Powers, après avoine, obtient deux cent quatre-vingts bottes ; M. Cappon, à Vieux-Berquin, dans l'arrondissement d'Hazebrouck, récolte cent vingt-cinq bottes par mesure de 37 ares.

Dans l'arrondissement de Lille, on obtient 600 kilog. de filasse et 12 hectol. de graines par bonnier (1 hectare 41 ares 87 centiares). Dans celui de Douay, on récolte depuis 150 jusqu'à 200 bottes de 1 kilogramme 1/2, et 2 hectol. de graines par rasière de 42 ares 92 cent. A Flines, sur une rasière de 47 ares 22 cent., on obtient jusqu'à 800 kilog. de filasse et 4 hectol. de graines.

Lin de mai. — Cette variété tire son nom du mois pendant lequel on la sème ; sa culture et sa récolte sont les mêmes que celles du lin de mars, avec cette différence, cependant, qu'on sème un peu plus dru : ainsi, là où l'on met un hectolitre de semence à la rasière pour le lin de mars, on répand 125 litres pour celui de mai. En général, on ne lui donne qu'un seul sarclage ; sa réussite est plus chanceuse que celle du lin de mars. Le lin est généralement regardé comme une récolte moins épuisante que les céréales et que les pommes de terre ; quant à son retour sur la même pièce, les uns pensent qu'il ne doit revenir que tous les huit ou dix ans ; les autres, tous les sept ou huit ans ; plusieurs, tous les cinq ou six ans ; quelques-uns veulent encore que le lin de mai puisse revenir tous les sept ou huit ans, tandis qu'ils n'admettent le retour du lin de mars qu'après un intervalle de douze ou quinze ans.

La culture du lin, autrefois répandue dans tous les arrondissements du Nord, formait une des principales richesses du département, et était d'une grande ressource comme plante intercalaire dans les assolements. Les charges énormes que l'importation des fils anglais fait peser depuis plusieurs années sur cette branche importante de l'agriculture ont considérablement restreint l'étendue des terres qu'on lui consacrait d'habitude. Depuis trois ans, le département du Nord réclame auprès des Chambres une modification dans le tarif des droits d'entrée sur les fils étrangers, modification sans laquelle la culture du lin disparaitra infailliblement des rotations. Cet état de choses si fâcheux ne saurait durer plus longtemps sans compromettre gravement l'existence d'un grand nombre de petits cultivateurs; il mérite l'attention sérieuse du gouvernement.

Lin de fin.

Le lin de fin se sème ordinairement après une avoine ou un chanvre à Saint-Amand, canton renommé pour cette culture. On ne donne qu'un seul labour de 81 millim. avant l'hiver; au premier printemps, on se contente quelquefois de herser et de ploutrer, mais le plus souvent on laboure avec le louchet, à 162 millim. de profondeur, dès que la terre est suffisamment ressuyée. On répand alors 1,000 tourteaux de colza au bonnier (1 hect. 42 ares), ou bien 160 hectolitres de boues de ville, sur lesquelles on fait passer la herse quelques jours après, c'est-à-dire du 15 au 30 mars; on répand la semence dans la proportion de 6 ou 7 hectolitres par bonnier, et l'on recouvre la graine par un léger hersage. Pour le lin de fin, on n'emploie jamais comme semence que le lin de mai semé de tonne, c'est-à-dire celui qui provient immédiatement de la graine nouvelle de Riga, récoltée dans la première année de l'importation; on sarcle lorsque les plantes ont 27 millim. de hauteur. Aussitôt après le sarclage, on plante à 1 mètre de distance, dans le sens de la longueur, des *piquets* ou petites fourches en bois destinées à recevoir les maîtresses branches appelées *mousquets*, et sur celles-ci on pose en travers les menues branches ou *croisures* à 487 mill. les unes des autres; toutes les branches conservent leurs rameaux. Les piquets s'élèvent à 81 millim. au-dessus du sol; plus ils sont près de terre, mieux cela vaut; mais les fourches ne doivent jamais reposer sur le sol; elles sont là pour soutenir le lin, qui, sans cet appui, verserait infailliblement par les pluies, ou même par les fortes rosées, dans une terre aussi engraissée. Lorsque le lin commence à bien jaunir, on l'arrache à la main entre les branchages; si le temps est beau, on l'étend par petites poignées sur ces mêmes branchages pendant vingt-quatre heures, après quoi on le met en *tourelles*. Cette opération consiste à placer circulairement au-dessus des croisures de petits piquets sur lesquels on appuie les poignées de lin sans les lier. Si le temps est mauvais, on lie les tourelles avec deux ou trois liens d'osier; le lin sèche dans cette position. Lorsque la dessiccation est suffisamment avancée, on lie par le pied la récolte en gerbes de 7 kilog. 1/2 environ, et on la transporte dans des bâtiments où elle est d'abord placée debout; de temps en temps on l'expose au soleil sans délier les gerbes. Quand la dessiccation est complète, on *masse* la graine, et les petits cultivateurs profitent de ce moment pour vendre; en grande culture, on vend ordinairement la récolte sur pied.

A Hasnon, le lin de lin est ordinairement semé sur un blé de trèfle; cette place, dans la rotation, passe pour la meilleure. On déchaume, on herse, et l'on donne un labour de 135 mill. avant l'hiver; on met quarante voitures de fumier, pesant chacune 1,750 kil., que l'on enterre à la charrue; au printemps, on laboure au louchet à 217 mill. de profondeur, on ride, on sème 8 hectolitres de lin de tonne par bonnier (1 hect. 42 ares), et l'on enterre la semence par un double hersage, dont le dernier s'effectue à bras d'homme; si le terrain est encore un peu motteux, après que la graine est semée, on *rucque*, c'est-à-dire on brise ces petites mottes avec un instrument destiné à cet effet.

Il y a trente ans, une récolte de lin de fin bien réussi rapportait plus que la valeur du fonds : on en obtenait jusqu'à 5,000 fr. par hectare ; aujourd'hui, elle ne rend plus que 3,000 fr. ; les frais s'élèvent à 1,200 fr. Le lin de fin, dans les terres douces et les bons sables, peut revenir tous les quinze ou vingt ans; dans les terres fortes, son retour ne doit avoir lieu qu'après un intervalle de quarante ans, c'est pourquoi les gens du pays disent proverbialement que celui qui a semé du lin de fin dans une terre forte ne doit plus en revoir une seconde fois sur la même pièce.

Chanvre.

Le chanvre tient souvent lieu de la jachère dans le département du Nord; on le place après du blé ou de l'avoine pour nettoyer la terre, quelquefois aussi on le sème sur un trèfle rompu. Partout on réserve, pour cette récolte, les terrains bas, les sols tourbeux et les bonnes terres légères, riches en humus : les années chaudes et humides lui sont très-favorables. La culture du champ varie suivant les localités.

A Watten, après un blé ou une avoine, la terre reçoit deux labours : le premier en décembre ou janvier, et de toute la profondeur d'un fer de louchet (325 ou 352 mill.); le second se donne en avril à 162 millim.; on met, par mesure de 44 ares, trois bacots de fumier de vache, pesant 12,000 kil., et on laisse reposer la terre pendant huit ou quinze jours; on passe ensuite la herse et le rouleau avant de semer.

Dans le canton de Marchiennes, on donne deux labours avant l'hiver : le premier de 54 millim. pour déchaumer, le second de 135 mill.; au sortir de l'hiver, on donne d'abord deux labours de 81 mill., puis un troisième de 162 mill., entremêlés, chacun, de plusieurs hersages, et l'on ploutre le terrain quinze jours ou trois semaines avant de semer; on charrie, par hectare, quarante voitures de fumier bien consommé que l'on enterre par un quatrième labour : des hersages et des roulages précèdent la semaille.

A Flines, après le déchaumage, on herse et l'on donne un labour de 162 à 189 mill.; après l'hiver, on herse, on donne un labour de 217 mill. suivi d'un hersage, on applique, par rasière de 47 ares, vingt-cinq voitures de fumier pesant chacune 1,500 kilog., ou enterre l'engrais par un labour de 162 mill., on herse, on répand ensuite 75 hectolitres de courte-graisse, et, avant de semer, on donne un dernier labour de 108 mill.

Enfin, à Saint-Amand, après blé ou avoine, on déchaume et on laboure à 108 mill., pour passer l'hiver. Au printemps, on herse, on conduit par bonnier (120 ares 72 centiares) cinquante voitures de fumier le plus consommé possible, ou bien quinze à seize voitures de boues de ville; on enterre le tout par un labour de 81 millim. suivi d'un hersage avant de semer.

L'époque la plus ordinaire des semailles est depuis la fin d'avril jusqu'à la fin de mai.

A Watten, on répand un hectolitre par mesure de 44 ares, et on l'enterre à la herse dans les champs; mais, sur les bords tourbeux de l'Aa, on l'enfouit en piochant le sol à la houe : cette opération a pour but de soulever la terre et de détruire les mauvaises herbes qui y poussent avec une grande énergie.

Dans le canton de Marchiennes, on met un hectolitre par hectare sur labour frais, et l'on enfouit la semence par un hersage croisé.

A Flines, on ne répand que 60 litres de semence par mesure de 47 ares, et on l'enterre par un double hersage suivi quelquefois d'un tour de rouleau, s'il fait une grande sécheresse ; mais cette opération est regardée comme un mauvais présage, car, ici, on préfère que le terrain soit motteux : on n'emploie jamais que la semence de la dernière récolte.

A Saint-Amand , les semailles ont lieu au commencement de juin ; on répand 260 litres par bonnier, et l'on enterre la semence à la herse.

Partout, jusqu'à la levée du chanvre, on fait garder la pièce par un enfant souvent armé d'une crécelle, afin de préserver la récolte des dégâts des oiseaux. Là se bornent tous les soins à donner au chanvre pendant sa végétation. Quand les pieds mâles, appelés improprement femelles dans toutes les localités, ont jeté leur poussière fécondante, on les arrache à la main ; les pieds femelles sont récoltés lorsque les graines inférieures sont mûres et que les feuilles commencent à jaunir, ce qui arrive dans le mois de septembre.

L'expérience a prouvé que, si on laisse le chanvre mâle sur pied après l'émission du pollen, les plantes se dessèchent et perdent leur qualité. La récolte arrachée, quelques-uns la laissent pendant vingt-quatre ou quarante-huit heures en javelles jusqu'à ce que les feuilles soient tombées, ils la lient ensuite par petites bottes près des têtes et la dressent sur le sol en l'écartant du pied, pour que les graines achèvent de mûrir ; les bottes sont recouvertes d'un chapeau formé avec les débris de tiges qu'on a ramassés avec le râteau, elles restent trois ou quatre semaines dans cette position. D'autres, après avoir lié les bottes de chanvre au pied et à la tête en serrant celle-ci le plus fortement possible, font des monts composés, pendant la première quinzaine, de dix à douze bottes, et, pendant la seconde quinzaine, de vingt bottes placées en cercle et recouvertes d'un chapeau. Lorsque la dessiccation est complète, on bat les têtes au fléau, pour en extraire la graine, puis on soumet le chanvre au rouissage. En général, on vend la récolte sur pied, le battage de la graine est aux frais de l'acheteur : les petits ménagers de Flines livrent leur chanvre peu de temps après l'avoir récolté ; mais ils conservent la graine chez eux, jusqu'à ce que le prix de la livraison leur ait été payé; on leur impose, comme obligation dans les marchés, de conduire le chanvre jusqu'à l'endroit où le rouissage doit s'effectuer. Cette opération, qui peut avoir lieu de deux manières, de même que pour le lin, se fait presque toujours dans l'eau; sa durée, variable suivant la température, peut être de quinze jours à six semaines; elle s'exécute en octobre, novembre, et quelquefois même jusqu'en décembre. Dès que le chanvre a roui suffisamment, on le retire de l'eau, on le dresse sur le sol pour le faire sécher; une fois sec, on le rentre pour le vendre brut ou le travailler pendant l'hiver. A Wandignies, le chanvre mâle est broyé, les pieds femelles sont écorcés à la main.

Le rendement du chanvre n'est pas le même partout.

A Watten, on récolte 780 kilogrammes de filasse et 6 à 8 hectolitres de graines; à Wandignies, on obtient 15 à 20 bottes de filasse pesant chacune 13 kilogrammes et 15 à 20 hectolitres de graines; à Flines, le chanvre bien réussi donne 200 kilogrammes de filasse par 1/2 hectare; à Saint-Amand, un bonnier de chanvre rapporte 800 fr. dans les bonnes années. Dans ce canton , on cultive une variété particulière de chanvre connue sous le nom de *chanvre de Russie;* sa tige, plus grosse, s'élève plus haut que l'autre variété , mais elle rend moins de graines, et sa filasse est plus grossière ; on la sème le 15 de mai ; il faut renouveler sa semence chaque année , sans quoi elle dégénère.

Suivant les uns, le chanvre fumé peut revenir tous les ans ; suivant les autres, tous les deux, trois ou quatre ans.

DU HOUBLON.

Tous les sols ne sont pas également propres à la culture du houblon : on distingue, à cet égard, dans le département du Nord, quatre sortes de terrains, savoir : les pâtures défrichées, les terres argilo-sablonneuses profondes, les terres légères chargées d'humus, et les terres fortes dont l'argile se trouve près de la surface.

Les pâtures défrichées sont regardées généralement comme les meilleurs sols pour la production du houblon : cette plante y donne de fortes tiges et des fleurs abondantes.

M. Revel, propriétaire-cultivateur à **Steen-woorde**, retourne la couche de gazon, tantôt avec le louchet, tantôt à l'aide de deux char-rues qui se suivent ; la première renverse la couche de gazon, la seconde la recouvre par un labour très-profond. M. Villette, à **Pra-delle**, donne trois labours : le premier ne fait qu'écroûter la pâture ; le second pénètre à 135 ou 162 mill. ; le troisième labour défonce le sol à 379 mill. et place la couche de gazon entre deux terres, de manière que les racines puissent y puiser aux différentes époques de leur végétation.

Les terres argilo-sablonneuses, bien qu'inférieures aux pâtures défrichées, sont encore excellentes pour le houblon, pourvu qu'on leur applique une forte dose d'engrais. On a remarqué que, dans ce terrain, la fleur du houblon est riche en volume et en qualité ; le point essentiel est de tenir la terre meuble au moyen de labours profonds et d'une forte fumure : la charrue ou le louchet doit pénétrer de 271 à 379 mill.

Les terres légères, qui contiennent un excès d'humus, produisent des tiges très-fortes et des feuilles extrêmement développées ; mais les fleurs ne se montrent qu'à l'extrémité des rameaux, elles sont presque toujours petites, peu serrées et d'une médiocre qualité.

Enfin le sol de quatrième classe ne convient au houblon qu'autant qu'on l'a préparé long-temps à l'avance pour cette culture. Là où l'argile se trouve près de la surface du sol, c'est-à-dire à 108 ou 135 mill., on commence par appliquer une fumure ordinaire avec du fumier de cheval, et l'on donne un labour superficiel pour ne pas ramener la terre compacte; on herse, on fume une seconde fois, et l'on défonce ensuite, aussi profondément que possible, avec la charrue ou, mieux, avec le louchet; peu importe alors que l'argile soit ramenée à la surface.

Les labours et les engrais doivent être donnés du mois d'octobre au mois de décembre, afin que la fumure soit bien décomposée et que la terre ait le temps de se rasseoir. Au moment de la plantation, on herse de manière à n'avoir que 54 ou 81 mill. de terre meuble, et l'on passe le rouleau.

La plantation du houblon peut avoir lieu à deux époques : dans le courant d'octobre ou dans le mois d'avril; celle du printemps est généralement préférée, parce que le plantis d'hiver est exposé à souffrir des gelées ou des pluies trop abondantes.

Le choix du plant est de la plus haute importance pour le succès d'une houblonnière.

D'après M. Villette, il faut, autant que possible, prendre son plant dans une houblonnière de trois ans, dite *bruydjare*, lorsque la végétation est parvenue à son plus haut point; les racines doivent être abondamment fournies de chevelu.

D'après M. Rével, un bon plant doit avoir trois nœuds, la pelure extérieure d'un jaune d'ocre et l'intérieur blanc; ce dernier caractère se vérifie en enlevant une tranche au pied du plant. Les plants qui ont l'extérieur brun ou verdâtre, piqueté de noir, portent les symptômes du chancre; ceux qui sont chancreux ont l'intérieur d'un jaune brun ou tacheté : les uns et les autres doivent être rejetés. Le plant doit, en outre, ne pas être trop gros; les pieds qui ont ce défaut sont sujets à être creux à l'intérieur; par le même motif, il faut éviter d'employer les plants provenant d'une pâture nouvellement défrichée, ou d'une terre trop fortement engraissée; le plant pris d'une jeune houblonnière est généralement moins exposé aux chancres : c'est celui qu'on préfère ordinairement.

Le choix du plant ainsi fixé, on procède à la plantation, qui a lieu du 15 au 30 avril.

Le houblon se plante en lignes, et l'on se sert du cordeau, afin de les tracer bien régulières. Si la pièce forme un parallélogramme, on commence par planter la première ligne à une demi-distance, c'est-à-dire à 975 mill. de la séparation du terrain ; puis on marque les routes de 2 métr. en 2 métr. La première ligne ainsi plantée et espacée, on place les plants de la seconde, de manière qu'ils correspondent avec le milieu de l'intervalle laissé entre chaque pied de la première ligne, et ainsi de suite, toujours à la distance de 2 mètres. Pour que l'alignement soit régulier, il faut que les plants de la troisième ligne correspondent avec ceux de la première, ceux de la quatrième avec ceux de la seconde, etc., de telle sorte qu'en examinant la houblonnière on rencontre partout des lignes droites parallèles et obliques, ce qui lui donne la forme d'un damier. Cette distribution a pour but de laisser, en tous sens, un passage aux rayons du soleil, dont l'action exerce une grande influence sur l'arome du houblon.

Si la pièce est de forme irrégulière, on y trace le plus grand parallélogramme possible, qu'on plante comme il vient d'être dit; les coins vides se remplissent par des lignes plus courtes, entre et parmi lesquelles on a soin d'observer les distances indiquées.

Pour planter le houblon, on tend un cordeau, et, après avoir indiqué les distances à garder, on forme avec le louchet un trou de 162 à 189 mill. de profondeur sur 271 mill. de largeur, dans lequel on place, sur une ligne droite, trois à quatre racines à 54 ou 81 mill. de distance les unes des autres ; on les recouvre de manière que l'extrémité supérieure se trouve à peu près à fleur du sol; on tasse assez fortement la terre à l'entour des pieds pour que la racine soit solidement engagée, et on jette sur le tout une pelletée de terre meuble, afin d'empêcher le sol de se crevasser.

Quelques jours après la plantation, si le temps est sec, on arrose avec de l'eau de fumier mélangée avec de l'urine de vache, ou avec une légère dissolution ·de tourteaux de colza, et l'on répand un peu de terre sur les plantes immédiatement après avoir arrosé. Les premières pousses du houblon venant à paraître, on plante à chaque pied une petite perche de 2 m. 599 mill. à 3 m. 248 mill. de hauteur et grosse à proportion ; on y attache successivement toutes les pousses que les plantes émettent, sans avoir égard à leur vigueur ; ces tiges sont conduites en spirale autour de la perche en suivant le cours du soleil, c'est-à-dire de gauche à droite ; on les attache, à mesure qu'elles s'élèvent, avec du jonc ou de la paille mouillée.

Dans la première quinzaine de juin, on forme de petites buttes de terre autour des tiges ; ces buttes ne doivent pas excéder 108 ou 135 mill. de hauteur pour le houblon de première année ; si on les faisait trop élevées, le jeune plant, rencontrant cette masse de terre meuble, y jetterait ses racines au lieu de les enfoncer profondément en terre, ce qui serait très-fâcheux : en effet, on obtiendrait une belle houblonnière de première année, dont le produit est éventuel et de peu de valeur, mais à la seconde année, les racines ne tiendraient presque plus en terre, et la plantation se trouverait très-compromise.

Si le houblon de première année porte fruit, on en fait la cueillette debout, sans renverser les perches, et surtout en ayant soin de ne pas couper les tiges, parce que la perte de la séve arrêterait la croissance des racines. Ces tiges, du reste, sécheront au mois de novembre ; on pourra alors les couper sans inconvénient au rez de la butte de terre ; on enlèvera les perches, et on couvrira les pieds du houblon avec une forte motte de terre, pour les préserver des gelées et de l'humidité.

Quelques cultivateurs, l'année même de la plantation de la houblonnière, lorsque le sol est suffisamment riche et afin de se dédommager du faible produit de la première récolte, plantent, entre les lignes ou entre les buttes de terre, des pommes de terre, des haricots, et quelquefois aussi des betteraves et des navets ; on redouble alors de soins pour extirper les mauvaises herbes : cette récolte additionnelle est presque toujours exigée des houblonnières qui comptent plus d'une année de plantation.

Les travaux de la seconde année commencent vers le 15 avril : on démottelle les houblons, c'est-à-dire on renverse les mottes de manière que le terrain se trouve presque en surface plane, et l'on taille les tiges et les racines venues dans la motte, en les coupant rez terre avec un couteau fabriqué ordinairement avec la pointe d'une vieille faux ; puis on les recouvre aussitôt d'un peu de terre fine, pour les garantir contre l'ardeur du soleil ou contre les grandes pluies. La taille s'exécute en tenant les tiges d'une main et en appuyant légèrement dessus. Le houblon de troisième année se taille comme celui de la seconde année, avec cette différence, cependant, qu'on ne peut le couper qu'à 27 mill. au moins au-dessus de la première taille. Quant au houblon de la quatrième année et des années suivantes, ce sont toujours les mêmes opérations, mais on ne peut guère préciser combien il faut lui laisser de pied : l'examen du houblon démottelé est le seul guide à suivre dans ce cas. Si on trouve que le plant de houblon tient fortement en terre, que ses tiges sont saines et qu'elles n'ont pas jeté de trop fortes racines dans la motte, on peut tailler bas sans aucun inconvénient. Au contraire, si le houblon tient peu en terre ou si ses tiges semblent devenir chancreuses, il faut lui laisser au moins 54 mill. de tige saine; s'il a jeté de fortes racines dans la motte, il est essentiel de ne pas endommager ces racines, et de ne couper les tiges qu'à 27 mill. au-dessus d'elles; et dernier signe indique souvent une vieille houblonnière qui s'en va.

Il est des cultivateurs qui fument immédiatement après la taille du houblon ; mais cette méthode est blâmée par plusieurs planteurs renommés, et, entre autres, par M. Revel, qui pense que, toutes les fois qu'on fume avec du fumier d'étable, on expose les jeunes pousses du houblon à être attaquées par les pucerons, ces animaux se retirant de préférence sous le fumier qui n'est pas complétement décomposé. M. Villette, de Pradelle, recommande les cendres comme un excellent préservatif contre ces insectes ; il en met environ deux poignées à chaque plant. De tous les tourteaux qu'on peut employer, ceux de lin et de colza sont les meilleurs ; on les dépose au pied de la plante dans la proportion d'un demi-kilogramme, et on les recouvre aussitôt de terre, pour les empêcher de se dessécher : on croit que les tourteaux de camomille rendent les houblons chancreux.

Le moment favorable pour placer les grandes perches de 8 m. 121 mill. à 9 m. 745 mil. de hauteur est celui où les tiges se montrent à 108 ou 135 mill. hors de terre ; on forme les trous destinés à les recevoir, avec un pieu fait exprès, généralement en bois de frêne, armé d'un fer pointu et dont la partie supérieure représente deux branches. Il faut, autant que possible, placer les perches du côté du plant le plus exposé aux vents violents, qui, dans ce département, soufflent de l'ouest et du nord, afin que, si un coup de vent vient à rompre quelques perches, celles-ci tombent vers l'est ou le midi : de cette manière, les tiges se replieront sur elles-mêmes, tandis qu'en sens inverse les perches entraîneraient les houblons dans leur chute et les arracheraient de terre.

Lorsque les tiges ont atteint assez de hauteur pour être attachées, on en choisit un certain nombre pour garnir chaque perche : de leur choix dépend souvent le sort de la houblonnière.

On réserve quatre tiges à peu près de même longueur, sans tenir compte de celles qui pourraient être plus élevées; il faut seulement qu'elles aient la tête rouge, et qu'elles ne présentent aucune pousse latérale à leurs nœuds; ces dernières doivent être rejetées comme vicieuses. Dès que l'on est fixé sur le choix des tiges, on les attache à chaque perche en les enroulant en spirale , de l'est à l'ouest ; on arrache ensuite toutes les autres tiges , tant bonnes que mauvaises, à l'exception de deux ou trois autres des plus saines qu'on garde pendant quelque temps , afin de pouvoir remplacer les tiges liées à la perche, dans le cas où elles viendraient à périr.

A partir du moment où l'on attache le houblon jusqu'au moment de la récolte, il faut donner à la plantation les soins les plus assidus ; tous les deux jours on visite la houblonnière , afin de voir si aucune tige ne s'entrelace ; on dégage les têtes qui seraient prises, et l'on rattache le houblon s'il vient à changer de direction. Aussitôt que les plantes sont parvenues à 975 mill. ou 1 m. 624 mill. de hauteur , sur les perches, on arrache les tiges excédantes ainsi que celles qui ont poussé depuis qu'on a lié le houblon. On met ensuite deux ou trois pelletées de fumier bien fait au pied de chaque plant, on laboure avec le louchet, et, pour rendre le sol meuble, on élève des buttes d'un pied de hauteur en leur donnant, vers le milieu, la forme d'un entonnoir ; cette disposition particulière des mottes a pour but de concentrer , au pied de la plante, les engrais qu'on y dépose.

La terre reçoit une nouvelle façon dans les premiers jours de juillet ; on bêche l'intervalle des mottes, l'on remonte ces dernières aussi haut que possible en leur conservant toujours la forme d'entonnoir, et l'on y verse de la courte-graisse ou une dissolution de tourteaux de colza, qu'on recouvre d'un peu de terre ; cette fumure réveille la vigueur de la plante, et lui donne la force d'émettre de nombreuses tiges florales.

L'élagage du houblon consiste à couper, au fur et à mesure qu'elles croissent, toutes les branches latérales que rejettent les tiges jusqu'à la hauteur de 1 m. 949 mill. ou 2 m. 599 mill., selon que le houblon se trouve plus ou moins élevé sur les perches.

La maturité du houblon se reconnaît extérieurement à la teinte brune que prend l'extrémité des cônes.

La dessiccation du houblon peut s'effectuer de deux manières, avec du bois ou des briquettes fabriquées avec du charbon de Fresnes.

Le feu de bois exige de grandes précautions et la présence continuelle d'un homme chargé de l'alimenter. On fait d'abord un feu léger dont on augmente l'activité dès que le houblon commence à suer ; on ne saurait trop le forcer dans ce moment pour empêcher la fumée de colorer le houblon mouillé ; néanmoins il faut veiller à ce que le feu ne soit pas assez ardent pour qu'on ne puisse tenir la main sur les treilles où le houblon est déposé, sans cela on risquerait d'enflammer la torrelle ou de roussir les fleurs : lorsque la sueur commence à se dissiper, on ralentit le feu jusqu'à ce que le houblon soit sec.

On reconnaît que la dessiccation est accomplie lorsque les queues des fleurs se brisent aisément. S'il arrivait que le grand vent chassât le feu plus fortement d'un côté que de l'autre, il ne faudrait pas, pour cela, retourner le houblon, mais on jetterait une espèce de pont sur la torrelle, au moyen d'une planche, et, à l'aide d'une fourche ou simplement avec la main, on allégerait les endroits où le feu se fait moins sentir, pour surcharger ceux qui sèchent plus vite. Si l'on retournait le houblon, les fleurs, encore vertes, mouilleraient de nouveau, par leur sueur, celles qui étaient déjà sèches, et le houblon perdrait ainsi sa couleur et son lustre : moins on touche au houblon pendant sa torréfaction, plus il est blanc et luisant.

Le feu de charbon n'exige, pour ainsi dire,

aucune surveillance ; comme il ne donne pas de fumée, on peut faire un feu toujours égal, en ayant soin de ne pas le faire assez vif pour roussir le houblon. En faisant sécher la récolte à petit feu, on obtient un houblon de première qualité.

Dès que le houblon est suffisamment sec, on le retire de la torrelle pour le mettre dans un autre local, où on le laisse refroidir pendant sept ou huit heures.

Avant de recharger la torrelle, il importe d'en nettoyer l'intérieur, c'est-à-dire de retirer le houblon qui se trouve engagé dans le treillage. Lorsque le houblon est refroidi, on le place, aussi légèrement que possible, dans des sacs, puis on le vide dans un magasin nommé *sprcker*. Ce magasin à houblon est un local d'où l'air et l'humidité doivent être complétement bannis.

Le houblon qu'on veut conserver ne doit pas être emballé avant le mois de décembre, et même alors on conseille de ne procéder à cette opération que par un temps très-sec, tel qu'une belle gelée.

Pour emballer le houblon, on commence par mettre une petite portion de la récolte dans une balle suspendue au-dessus de terre ;

un homme y descend , piétine le houblon en faisant continuellement le tour de la balle , et l'entasse le plus fortement possible à mesure qu'on l'y verse, et ce jusqu'à ce que la balle soit entièrement remplie : une balle bien conditionnée doit résister à une forte pression. Une fois le houblon mis en sac, on le dépose dans un local sec où l'air extérieur ne puisse pénétrer : il s'y conserve parfaitement.

Immédiatement après la récolte du houblon, on a soin de mettre les perches en tas et de les couvrir de paillassons. On donne aux mottes, au moyen d'une nouvelle addition de terre , la forme d'un pain de sucre , afin de préserver les pieds de houblon de toute humidité.

—

CULTURE DU TABAC.

Cette culture est presque entièrement concentrée dans l'arrondissement de Lille et dans plusieurs cantons d'Hazebrouck ; on lui réserve les meilleurs sols argilo-sablonneux. suivant quelques cultivateurs , les bois défrichés , les vieilles pâtures, les terrains qui ont été longtemps sous l'eau et contiennent beaucoup d'humus, sans être acides, produisent un tabac très-étoffé, à feuilles longues, larges et remarquables par leur poids. Le tabac provenant des terres plus légères est moins lourd, mais son odeur est plus fine, et il fournit d'excellentes feuilles pour la fabrication des cigares.

Le tabac tient lieu partout de la jachère. Après une éteule de blé, on prépare la terre par quatre ou cinq labours : le premier a lieu pour le déchaumage ; le second, de 108 mill., se donne avant l'hiver ; au printemps, on conduit par bonnier 80 voitures de fumier, pesant chacune 1250 kilog., que l'on mélange par plusieurs labours, dont l'un va jusqu'à 325 mill. de profondeur ; entre chaque labour on ride, l'on herse et l'on rondelle le terrain, s'il y a lieu.

Dans certaines localités, le labour qui suit le déchaumage est le plus profond de tous ; il a de 271 à 325 mill. de profondeur. On applique le fumier pendant l'hiver, et au printemps on donne plusieurs labours de 162 à 217 mill. de profondeur, entremêlés de hersages et de rondelages : les petits ménagers exécutent toutes leurs cultures au louchet. Les engrais qui conviennent le mieux au tabac sont, outre le fumier d'étable que l'on applique bien consommé, les tourteaux de colza et d'œillette, la courte-graisse, puis les tourteaux de chanvre et de cameline. Dans le canton de Lille, peu de jours après le premier labour d'avril, on arrose le sol avec de la courte-graisse dans laquelle on a fait dissoudre des tourteaux; 24 heures après, on donne à la pièce un coup de herse croisé.

Le semis a lieu sur pépinière labourée à différentes reprises et fortement fumée; lorsqu'on sème sur pâture défrichée, on bêche la pépinière avant l'hiver, et, au mois de mars, on donne un labour peu profond, afin de ne pas ramener l'herbe à la surface; quelques jours avant de semer, on l'arrose avec des tourteaux de colza et d'œillette dissous dans de la courte-graisse, et l'on y répand aussi des tourteaux de cameline secs, si l'on craint les vers et les insectes. La graine est semée à la volée; peu de temps après la levée des plantes, on les espace à 27 ou 54 mill. les unes des autres, et l'on a soin de tenir la pépinière nette de mauvaises herbes. Lorsque le plant est suffisamment fort, on procède à la transplantation. Immédiatement avant de repiquer, on herse, on râtelle le terrain, on trace les lignes au cordeau et l'on met les plantes dans les trous creusés avec le plantoir, en ayant soin de ne pas courber la racine, ce qui rendrait la végétation languissante. Les pieds de tabac se trouvent à 50 centimètres en tous sens : on repique toujours sur labour frais. Cette opération s'exécute depuis le 1er juin jusqu'à la Saint-Jean. A Merville, le terrain est disposé en planches bombées. Dans la petite culture, le soir même du repiquage ou 24 heures après, on arrose le plant avec de la courte-graisse. Une chaleur humide ainsi qu'une terre bien ameublie et bien amendée favorisent particulièrement la reprise du plant. Aussitôt que le tabac commence à relever ses premières feuilles, on bine ; entre le premier et le deuxième binage on répand ordinairement des tourteaux, et, 15 jours ou trois semaines après, on butte. Les plantes ont alors 8 ou 10 feuilles : les uns buttent séparément chaque plante, de manière à l'isoler des pieds voisins ; les autres buttent en même temps tous les pieds d'une même ligne, en sorte qu'ils se trouvent tous renfermés dans le même sillon. C'est aussi à cette époque que l'on étête le tabac : on coupe avec l'ongle de l'index et celui du pouce la tête des pieds les plus vigoureux, en ne laissant sur chaque plante que 8 ou 10 feuilles, et, comme le but essentiel est de les obtenir aussi développées que possible, on retranche, à trois reprises différentes, pendant le cours de la végétation, tous les bourgeons qui se montrent aux aisselles des feuilles ainsi qu'à la sommité des tiges. Cette opération doit être faite avec le plus grand soin, sous peine d'éprouver de rudes mécomptes lors de la récolte.

Le moment de couper le tabac est indiqué par la couleur jaune que prennent les feuilles; il existe, à cet égard, deux procédés : les uns enlèvent les feuilles une à une, sans arracher la tige ; la plupart, au contraire, coupent la tige près du collet avec une faucille. Quelle que soit celle de ces deux méthodes qu'on adopte, dès qu'on a séparé les feuilles des tiges qui les portaient, on les enfile en chapelets avec une aiguille et une ficelle, et on les suspend dans des séchoirs. Ces feuilles sont espacées à 27 mill. les unes des autres dans les chapelets, et ceux-ci sont écartés entre eux de 325 mill. On a soin de les abriter du vent et de la pluie pendant leur dessiccation, car, si elles venaient à en être atteintes lorsqu'elles sont encore vertes, elles deviendraient noires, très-cassantes et perdraient ainsi de leur qualité. Elles restent suspendues en chapelets pendant huit jours ; après ce temps, on les retourne, de manière que ce qui était dessus se trouve dessous. Lorsque le tabac est suffisamment sec, on dépend les chapelets pour en faire de petits paquets composés de 8 ou 10 feuilles, et on les met à l'abri sous un toit, en ayant soin de les préserver de l'humidité. Ces paquets sont entourés de paille ; ils restent ainsi abrités jusqu'au premier décembre, époque à laquelle on les livre à la régie.

Dans un bon sol et par une culture soignée, on obtient par bonnier 400 kilog. de feuilles sèches, y compris celles du bas appelées *savonnettes*, qui ont moins de valeur que les autres. Avant 1835, les 50 kilogrammes de tabac se payaient, en moyenne, 50 fr. ; aujourd'hui on ne les achète plus que 36 fr. La régie se montre si difficile, qu'il n'y a plus de première qualité ; aussi, depuis ce temps, le cultivateur ne fait-il plus ses frais. Les tracasseries des employés de la régie, d'un côté, de l'autre le peu de bénéfices que donne maintenant le tabac, ont considérablement restreint sa culture, et le moment n'est pas éloigné où, las de lutter contre tous les obstacles qu'on leur oppose, les cultivateurs renonceront tout à fait à ce genre de récoltes.

Le tabac est rangé au nombre des plantes les plus épuisantes ; mais on fume si fortement pour cette récolte, qu'après elle on peut aisément en obtenir plusieurs autres sans engrais ; aussi, dans l'arrondissement de Lille, trouve-t-on cet assolement sur les terres argilo-sablonneuses :

1° Tabac fumé, l'hiver, avec fumier d'étable, et, au printemps, avec courte-graisse et tourteaux ;
2° Colza ;
3° Blé ;
4° Trèfle cendré ;
5° Blé et plant de colza ;
6° Hivernage.

Les uns pensent que le tabac peut revenir tous les 6 ou 8 ans ; les autres veulent qu'on attende 10 ans avant son retour sur le même champ.

CULTURE DE LA CHICORÉE.

La culture de cette plante ne s'étend guère au delà des communes d'Onnaing et de Wich, dans l'arrondissement de Valenciennes ; on la rencontre encore dans quelques communes de l'arrondissement de Douay, mais sur une étendue très-bornée et seulement par exception : les petits ménagers s'en occupent particulièrement.

En général, pour la chicorée, on choisit un sol très-riche, ou l'on place cette plante sur un trèfle bien réussi ; on ne fume pas, parce que l'engrais agirait trop fortement sur le développement des feuilles au détriment de la racine. Aussitôt la récolte enlevée, on déchaume ; en septembre, on herse le terrain, et, au mois d'octobre, on donne un labour de 162 mill. : le champ passe l'hiver en cet état. Au mois de mars, on défonce le sol à 325 mill. avec le louchet et l'on passe de suite la herse ; 15 jours ou trois semaines après, on donne un labour superficiel, suivi d'un hersage, afin que la surface soit très-meuble, mais que le fond reste ferme. Dans le courant d'avril, après avoir hersé de nouveau, on sème à la volée, par hectare, 5 kilog. de graine provenant de la récolte précédente ; la semence est recouverte à la herse et l'on ferme la terre par un tour de rouleau. Dès que la chicorée commence à lever, on lui donne un coup de rasette ; au second binage on éclaircit les plantes, en les espaçant à

108 ou 135 mill. en tous sens : dans le cours de la végétation, on donne souvent encore un troisième binage.

La maturité des plantes a lieu, en général, dans la première quinzaine d'octobre. On se sert du louchet pour arracher les racines, et, comme il est important de les retirer entières, on défonce le sol à 650 mill. environ, la chicorée pénétrant quelquefois jusqu'à cette profondeur.

Dès que la racine est extraite, on la débarrasse des particules terreuses qui y adhèrent, et l'on transporte la récolte à la ferme, où on la met en monts, pour la faire sécher ; elle reste ainsi jusqu'à sa complète dessiccation : si on l'emmagasinait étant encore humide, elle s'échaufferait et perdrait beaucoup de sa valeur. Les racines bien réussies ont environ 27 mill. de grosseur dans leur moitié supérieure ; une fois sèches, on les partage en quatre ou six parties, suivant leur dimension, et on les coupe ainsi avec un hache-paille par morceaux de 27 à 54 mill. de longueur, pour les faire sécher à la torrelle : cette opération terminée, on conserve la récolte étendue sur un grenier.

La chicorée, dans un bon sol, rend environ 5,000 kilog. de racines par hectare. On croît qu'elle est très-épuisante et qu'il ne faut pas la faire revenir sur la même pièce avant 10 ou 12 ans.

—

RÉCOLTES-RACINES.

Pomme de terre.

On cultive deux variétés de pommes de terre dans le département du Nord, la jaune et la rouge. En général, cette récolte prend la place de la jachère et vient presque toujours après l'avoine qui a suivi le blé ; les cultures qu'elle reçoit varient suivant les localités.

Dans l'arrondissement de Dunkerque, on prépare la terre par trois labours : le premier, esquivelage, est donné pour déchaumer ; le deuxième, relevage, a lieu après les semailles de grains d'hiver ; on fume alors lorsqu'on doit faire succéder une céréale aux pommes de terre. Dans la première quinzaine d'avril, on herse, puis l'on ouvre des sillons avec la charrue et l'on y plante les tubercules dans la proportion de 12 hectolitres dans les bonnes terres et de 15 dans les médiocres, par mesure de 44 ares 4 centiares. La plantation terminée, on herse et l'on roule.

Près de Steene, on ne fume les pommes de terre que lorsqu'elles doivent être suivies d'une céréale.

Dans l'arrondissement d'Hazebrouck, on donne également trois labours; mais, lorsqu'on veut avoir une récolte fort abondante, on fait un lit-avant, c'est-à-dire qu'on ramène à bras de la terre vierge qui se trouve mêlée avec la couche arable par le dernier labour; les uns fument avec des boues de ville, les autres avec des fumiers de basse-cour, des tourteaux ou de la courte-graisse : les engrais de la première espèce sont presque toujours appliqués pendant l'hiver; les tourteaux sont répandus au moment de la plantation sur les tubercules mêmes, c'est ce qui réussit le mieux. Les plantes sont mises indifféremment à deux ou trois raies de charrue, sans qu'il y ait aucune différence dans les produits : elles se trouvent à 406 mill. les unes des autres dans les lignes; on herse après la plantation, mais on ne roule pas.

Dans l'arrondissement de Lille, on regarde comme plus avantageux de fumer pendant l'hiver; on se trouve aussi très-bien d'appliquer de la chaux aux pommes de terre après le premier labour de printemps. On plante toutes les deux raies ; les tubercules sont à 325 mill. dans les lignes.

Dans le canton de Marchiennes , on donne deux labours avant l'hiver ; au printemps, on laboure de nouveau, l'on herse , puis on voiture du fumier, que l'on enterre par un quatrième labour en même temps que celui-ci sert à recouvrir les tubercules. M. Ducouvent préfère planter à la houe , parce que , dans les années humides , les pommes de terre sont ainsi moins sujettes à pourrir. Les raies plantées sont à 650 mill. les unes des autres, et les tubercules se trouvent à 406 ou 487 mill. dans les lignes : on met environ 25 hectolitres par hectare.

M. Broy, à Cuincy, fume pendant l'hiver ; avant le dernier labour de printemps il fait passer la herse et le ploutroir sur la pièce ; il plante 4 hectolitres par rasière de 43 ares.

A Masny, chez MM. Fiévet, toutes les pommes de terre de semence sont coupées en quatre ; on met 6 à 7 hectolitres par rasière ; la plantation a lieu depuis le 15 mai jusqu'en juin ; lorsqu'ils ont déjà pris une récolte d'escourgeon en vert, la plantation n'a lieu quelquefois qu'au 15 juin, mais la récolte est de moins bonne qualité.

A Flines, on met avant l'hiver la moitié du fumier (8 à 10 voitures pesant chacune 1,500 kilog.); au sortir de l'hiver, on donne un hersage croisé, puis l'on met le champ en billons de 650 millim.; chaque billon se compose de trois raies de charrue. Les pommes de terre sont plantées dans le creux qui sépare les billons; on répand alors l'autre moitié du fumier, qui est bien décomposé, et l'on recouvre le tout à la houe avec la terre prise sur le sommet des billons : le terrain se trouve ainsi remis à plat.

Dans toutes les localités, aussitôt que les pommes de terre ont 54 ou 81 millim., on les bine ou bien on les herse; quinze jours ou trois semaines après, on butte. Plusieurs cultivateurs, lorsque la terre est propre, se contentent simplement de butter les pommes de terre; si la terre n'a pas été suffisamment fumée, on répand des tourteaux ou de la courtegraisse immédiatement avant le buttage. A Flines, on met 50 hectolitres de courte-graisse par rasière de 47 ares; s'il fait sec (le sol ici est très-sablonneux), on laisse la butte de terre ouverte jusqu'à la floraison, afin que l'eau des pluies puisse s'y réunir; on la dispose en toit si le temps est trop humide. Dans plusieurs localités, on n'aime pas que le buttage soit trop fort, et l'on a remarqué que la récolte est d'autant plus abondante que les tubercules reçoivent davantage l'influence du soleil. Presque partout les binages et le buttage s'exécutent à bras d'homme, et l'on croit généralement que la récolte n'est pas aussi productive lorsqu'on donne ces façons avec des instruments. La récolte a lieu dans le courant de septembre. Quelques-uns déterrent les tubercules avec un binot; mais la plupart se servent du louchet ou de la fourche, et ils trouvent qu'on laisse ainsi moins de tubercules en terre.

Le rendement varie. Dans l'arrondissement de Dunkerque, on récolte 150 hectolitres par mesure de 44 ares; dans celui d'Hazebrouck, on compte sur 150 hectolitres par 37 ares; à Lille, on évalue le rendement à 280 hectolitres par hectare; à Marchiennes, on obtient 200 hectolitres à l'hectare; à Flines, on compte sur 150 hectolitres par rasière de 47 ares; dans l'arrondissement de Valenciennes, on récolte 250 à 300 hectolitres par 120 ares.

La plupart des cultivateurs conservent leurs pommes de terre dans des caves ou des silos; plusieurs les dressent en tas sur le sol, les recouvrent d'un lit de paille de 135 à 162 mill.

d'épaisseur et d'une couche de terre plus ou moins forte : si la gelée se fait sentir, on ajoute encore de la courte-paille ou du fumier.

La pomme de terre est regardée par tous les cultivateurs comme très-épuisante. On croit généralement que le blé qui lui succède réussit moins bien qu'après toute autre récolte sarclée, 1° parce que les tubercules soulèvent trop le sol, 2° parce que les semailles de blé ne peuvent avoir lieu que très-tard ; en revanche, la pomme de terre passe pour une excellente préparation pour les grains de mars.

Les uns pensent qu'elle peut revenir tous les deux ou trois ans ; les autres, tous les quatre ans seulement ; dans l'arrondissement d'Hazebrouck, on n'admet son retour qu'après six ou huit ans.

Les pommes de terre sont souvent sujettes à la frisolée et aux chancres : cette dernière maladie les attaque surtout dans les années pluvieuses.

Betterave.

Les petits ménagers sèment ordinairement à la volée quelques ares de betterave-disette pour la nourriture du bétail ; les grandes cultures de betterave qu'on rencontre, dans le département du Nord, appartiennent toutes aux fabricants de sucre ou aux fermiers avec lesquels ceux-ci ont passé marché pour la livraison d'une certaine quantité de racines.

Cette culture est surtout répandue dans les arrondissements de Lille, Douay, Cambray et Valenciennes; suivant les localités, on prépare le sol de différentes manières.

Dans l'arrondissement de Dunkerque, on donne trois ou quatre labours avant l'hiver; au printemps, on se borne à herser jusqu'à ce que la terre soit parfaitement meuble.

Dans l'arrondissement de Lille, après avoir déchaumé, on laboure une première fois à 108 mill., puis une seconde fois à 217 ou 271 mill. avant l'hiver; on fume, autant que possible, avant les cultures de printemps: celles-ci consistent surtout en hersages, roulages et ploutrages.

A Cuincy, dans l'arrondissement de Douay, on déchaume, on laboure à 162 ou 189 mill.; on conduit, autant que possible, le fumier avant l'hiver, et tel qu'il se trouve à cette époque, mais au printemps on n'emploie que du fumier court; l'engrais est enfoui au binot; on donne ensuite un labour de 189 à 217 mill. et on laisse reposer la terre jusqu'aux semailles :

ce moment arrivé, on herse, on roule et l'on ploutre pour rendre le sol bien meuble.

MM. Fiévet, à Masny, après le déchaumage, donnent un labour de 217 à 244 mill. avant l'hiver; toutes les terres sont alors mises en billons; au printemps, on rabat les billons, on donne ensuite un labour de 108 mill. pour réchauffer la terre, et jusqu'au mois de mai, époque des semailles, on alterne les hersages et les roulages avec les labours.

M. Desmoutiers, à Faumont, déchaume, herse et laboure à 325 mill. avant l'hiver; le fumier est mis sur ce labour, qui est en billons; au printemps, on rabat les billons, on donne un labour de 135 mill., on herse et l'on roule jusqu'à ce que la terre soit bien ameublie.

M. Baucq, au Faux-Viviers, suit une méthode un peu différente. Avant l'hiver, il fume l'éteule même du blé et l'enterre par un labour de 81 mill.; le second labour, de 162 mill., se donne en novembre; au printemps, on herse en croix, on binote, on roule et l'on trace des lignes à la houe pour y placer la graine.

Dans l'arrondissement de Valenciennes, trois ou quatre jours après que la récolte de blé a été coupée, on déchaume au binot; quelque temps après, on donne un coup de herse suivi, au bout d'un certain temps, d'un nouveau coup de binot et d'un nouveau hersage.

Immédiatement avant l'hiver, on donne un labour de 162 ou 217 mill. de profondeur; au printemps, on donne un nouveau labour à la terre, on la travaille quelquefois encore afin de bien mélanger toutes les particules terreuses, puis l'on herse, l'on roule et l'on ploutre : le ploutrage ici consiste à faire passer la herse retournée sur le dos; s'il reste encore des mottes, on les brise avec le rouleau. Dans les terres blanches, on préfère souvent binoter avant l'hiver; on ne laboure point à cette époque, l'on attend jusqu'au printemps.

Pour les terres que l'on veut défoncer, on opère aussi différemment. Lorsqu'on donne le labour avant l'hiver, on laisse une raie ouverte tous les 5, 6 ou 7 sillons; on approfondit ensuite ce sillon avec le louchet, et la terre qui en est extraite est rejetée sur la partie labourée.

Lorsque l'on fume la terre, on applique, autant que possible, l'engrais avant l'hiver; on a remarqué qu'avec une grande quantité de fumier de vaches les betteraves acquéraient un volume considérable; mais, dans ce cas, leur jus renferme beaucoup de potasse et d'ammoniaque combinées qui deviennent libres et jouent un rôle nuisible dans la fabrication : quelques cultivateurs ont également reconnu que les betteraves semées sur parc se tiennent plus longtemps vertes que celles qui ont été fumées avec d'autres engrais.

Des deux variétés de betteraves que l'on cultive pour la fabrication du sucre, la plus répandue, parce qu'elle est la meilleure, est sans contredit la betterave de Silésie ; celle à peau rose et à cercles concentriques roses et blancs vient immédiatement après. La première, d'une contexture ferme et serrée, supporte, sans en être altérée, un degré de froid plus élevé que la seconde ; toutes deux restent enterrées jusqu'au collet ; elles donnent les produits les plus considérables et sont aussi les plus riches en jus. L'époque la plus favorable pour les semailles, dans le département du Nord, est du 15 avril au 15 mai ; quand on plante plus tard, il arrive souvent que les betteraves ne parviennent pas à leur maturité, et, par suite, qu'elles se conservent avec peine et se laissent travailler difficilement ; en revanche, par une semaille précoce, c'est-à-dire faite dans les premiers jours d'avril, on s'expose à voir beaucoup de plants monter en graines dès la première année, et ces graines elles-mêmes reproduisent des individus sujets au même inconvénient : les graines de la seconde année sont préférables à toutes les autres; on peut, néanmoins, employer encore celles de trois ans.

Il existe, dans le Nord, deux méthodes principales de répandre la semaille : par le semoir ou avec la houe.

Les semoirs employés pour les betteraves sont généralement des semoirs à tambours; la raie est ouverte par un petit soc, et, lorsque la graine y est versée, des dents de herse la recouvrent aussitôt, et une petite roue presse la terre en appuyant dessus. Ces semoirs exigent une assez grande quantité de semence et la répartissent passablement. Un défaut essentiel qu'on leur reproche, c'est qu'ensemençant plusieurs lignes à la fois, la distance entre les lignes se trouve invariablement fixée, tandis qu'il serait quelquefois utile de la varier. Ainsi, pour obtenir le maximum de récolte d'une terre maigre, on ne peut, par exemple, espacer qu'à 325 mill., tandis que, pour atteindre le même but dans une terre riche, il faudrait peut-être laisser, entre chaque ligne, 433, 487 et 542 mill.; un autre inconvénient de ces instruments, c'est qu'on ne peut enterrer la graine plus ou moins profondément, selon que l'état de la terre l'exige ; on y arrive, au contraire, très-aisément par l'autre méthode. Les principaux semoirs usités dans le département sont le semoir de M. Crespel-Dellisse, d'Arras, celui de M. Hugues, de Bordeaux, le semoir de M. de Dombasle, le semoir-Mounier, de Douay, et le semoir-Delfosse, de Berlaimont.

La semaille à la houe s'effectue de la manière suivante : un homme ouvre, avec une petite houe, appelée rasette, qu'il tient inclinée de manière à faire entrer un des angles en terre, une raie de 27 ou 54 mill. de profondeur ; un cordeau tendu transversalement aux deux extrémités du champ, au moyen de deux petits piquets, lui sert de guide. Après cette première raie, il en trace une seconde parallèle à la première, puis une troisième, puis une quatrième, et ainsi des autres. Une ouvrière suit, tenant d'une main un petit panier plein de graines, et répand avec l'autre main les graines qu'elle y puise ; avec un peu d'habitude et en faisant constamment glisser le pouce sur les doigts, elle répartit avec régularité la graine dans la raie : une seconde

ouvrière suit la première et recouvre la graine
en promenant alternativement les deux pieds
sur la raie. L'homme qui tient la houe doit
toujours être d'une ligne en avant sur la première ouvrière, et celle-ci doit également
précéder d'une ligne sa compagne. L'homme
et la première femme, en arrivant ensemble
aux deux extrémités opposées du champ, ôtent
les piquets qui tiennent le cordeau pour les
reporter à la ligne suivante. Ces trois personnes peuvent semer ainsi 45 ares par jour. Cette
méthode est très-usitée dans l'arrondissement
de Valenciennes ; on la retrouve encore dans
le canton de Marchiennes, mais avec quelques
légères modifications.

On emploie, en général, 5 kilogrammes de
semence par demi-hectare lorsqu'on fait usage
du semoir ; par la méthode à la houe, M. Baucq,
au Faux-Viviers, ne met que 2 kilog. 1/2 par
rasière de 45 ares ; il roule après que des enfants ont recouvert la semence.

La distance entre les plantes varie : les uns
mettent les betteraves à 406 millim. dans les
lignes, et ces dernières à 487 millim. ; les autres espacent les betteraves à 217 ou 244 millim. dans les raies, et laissent un intervalle
de 542 millim. entre les lignes : quelques-uns

veulent qu'il y ait 406 millim. de distance en tous sens, plusieurs se contentent de 325 millimètres.

La culture de la betterave exige de nombreux sarclages. Quand les plantes commencent à lever, on donne un premier binage entre les lignes; dès qu'elles ont trois ou quatre feuilles, on éclaircit et l'on repique dans les endroits où la graine a manqué. Il est d'expérience, dans le Nord, que les betteraves repiquées n'atteignent jamais le développement de celles qu'on a semées sur place, quelque soin qu'on apporte, du reste, à leur transplantation; mais telle est la perfection avec laquelle les semailles en lignes sont exécutées, qu'il est rare qu'on ait recours à cette ressource. Dans aucune exploitation le nombre des sarclages n'est limité; beaucoup de cultivateurs pensent que plus ils sont nombreux, plus la récolte est abondante; on est surtout convaincu que le moindre retard apporté à cette opération essentielle cause un grand déficit dans les produits. Tous les binages et les sarclages ont lieu à la main; on en donne, en général, trois ou quatre.

Pendant sa végétation, la betterave est sujette à être attaquée par plusieurs insectes;

ses principaux ennemis sont l'altise bleue ou tiquet, puce de terre (*altica oleracea*), l'iule des sables (*iulus sabulosus*), l'iule terrestre (*iulus terrestris*) et la larve d'un coléoptère désignée dans le pays sous le nom de ver gris. Les trois premiers ne sont redoutables qu'au moment de la levée de la plante, mais souvent leurs dégâts sont tels qu'ils forcent à ressemer jusqu'à deux et trois fois : la betterave est, en général, hors de danger quand elle a percé sa troisième feuille. Le ver gris attaque souvent la betterave au moment du deuxième sarclage ; toute racine qui en contient un se flétrit au bout de quelques jours ; si l'on arrache la betterave, on trouve l'insecte roulé vers le milieu de la racine, dans le vide qu'il y a pratiqué en la rongeant : on doit enlever aussitôt cette plante, car il n'y a plus d'espoir qu'elle reprenne, même après la destruction de la larve, et celle-ci, passant à une autre racine, continuerait ses dégâts et compromettrait la récolte. Jusqu'ici on ne connaît pas de remède contre ces quatre fléaux.

L'arrachage des betteraves s'effectue depuis le 15 septembre jusqu'à la fin d'octobre, et souvent aussi jusqu'en novembre. On reconnaît que les plantes ont atteint leur maturité, lorsque les feuilles sont jaunes et que le champ ne présente plus qu'une surface rouillée. Dans le département du Nord, l'arrachage des racines s'opère au moyen de la fourche et plus souvent encore avec le louchet. Dès que les racines sont hors de terre, des femmes les décollètent, soit en coupant horizontalement toute la partie feuillue avec une faucille, soit en la coupant sur un plan perpendiculaire à l'axe de la plante, avec un couteau.

Les betteraves arrachées et décolletées sont mises en tas, de distance en distance, sur plusieurs lignes, de manière que les chariots puissent circuler dans la pièce sans les écraser; on les charge ensuite sur les voitures et elles sont alors transportées à la ferme, pour être conservées dans des caves ou, plus ordinairement, dans des silos. Les feuilles et les collets coupés sont laissés sur le champ pour être enfouis par un coup de binot : on regarde cet engrais comme une demi-fumure; ceux qui ont des troupeaux de moutons font consommer les feuilles sur place.

Il y a quelques années, avant d'emmagasiner les betteraves, on les laissait se ressuyer pendant plusieurs jours sur le sol; on avait bien soin de les secouer l'une contre l'autre pour les débarrasser des particules terreuses qui adhèrent à la racine, et on ne les mettait en fosse que par un temps sec. Cette méthode a été reconnue vicieuse ; aujourd'hui, à peine les betteraves sont-elles décolletées, que, sans détacher la terre qu'elles peuvent retenir et, quelque temps qu'il fasse, soit sec, soit pluvieux, on transporte les racines au lieu de leur destination ; elles s'y conservent fort bien jusque dans les premiers jours du printemps.

Le mode de conservation dans les caves et les magasins a subi aussi un changement notable ; on lui a généralement substitué les silos. Ceux-ci sont représentés par des fosses plus ou moins profondes, creusées dans un sol argileux : le plus ordinairement on leur donne un mètre de large, un mètre de profondeur et dix à quinze mètres de longueur ; il existe néanmoins une grande variété de procédés à cet égard. Les betteraves sont rangées avec soin dans les silos et disposées de telle sorte, qu'elles s'élèvent de 325 ou de 650 mill. au-dessus du sol, en formant une double toiture ; on les recouvre d'une couche de terre de 487 à 650 mill., placée en dos d'âne et battue au louchet, afin de donner moins de prise à la gelée et de permettre l'écoulement des eaux : dans les grandes gelées, on met encore un lit de fumier par-dessus les silos.

Le rendement des betteraves varie de 40 à 60,000 kilogrammes par hectare, mais plusieurs fabricants dépassent ce chiffre.

La plupart des cultivateurs pensent que la betterave peut revenir, tous les trois ou quatre ans, sur la même pièce; beaucoup de fabricants la font revenir deux années de suite, mais, dans ce cas, on sème plus dru, parce que la graine est plus sujette à manquer. En général, les fabricants de sucre ne considèrent pas la betterave comme très-épuisante : on obtient presque toujours de fort beaux blés après cette récolte.

Navets.

Les navets ne se cultivent qu'en seconde récolte dans le département du Nord; on les met après du sucrion, de l'hivernage, du blé, du seigle ou du trèfle incarnat.

Après du sucrion ou de l'hivernage, on prépare la terre par un seul labour superficiel, suivi d'un hersage. Si le sol n'est pas suffisamment riche, on répand de la courte-graisse ou du purin peu de jours avant de semer.

Après un trèfle incarnat, M. Villette, à Pradelle, donne deux coups de charrue; il fume et sème ensuite les navets. Dans la plupart des arrondissements, on veut que la semaille soit faite au moins à la Notre-Dame d'août; plus tard, la réussite des navets est chanceuse. La graine se sème à la volée, dans la proportion de trois à quatre litres par hectare. Si le temps est à la pluie, on ne recouvre pas la semence; au contraire, s'il fait sec, l'on herse et l'on roule. Les navets reçoivent un binage dès qu'ils ont quatre à cinq feuilles; beaucoup se dispensent de cette façon; quelques-uns profitent de ce moment pour arroser les navets avec de la courte-graisse. La récolte a lieu ordinairement dans le mois d'octobre. On arrache les navets avec la main, et on les serre dans la cave, pour être donnés aux bestiaux au commencement de l'hiver. Dans plusieurs localités, on sème des navets pour servir de fumure verte lorsqu'ils sont bien développés : on regarde cet engrais comme excellent dans les terres légères.

Carottes.

Les carottes se cultivent, tantôt en récolte principale, tantôt en récolte dérobée : on en

connaît deux variétés, l'une blanche et à collet vert, l'autre jaune ; la première est plus
productive, mais elle contient une plus grande
quantité de sucs aqueux, la seconde est plus
succulente.

En récolte principale, on donne plusieurs
labours, dont un très-profond ; on herse, l'on
roule à différentes reprises, et l'on sème la
graine à la volée. Au moment de la levée, on
donne un premier sarclage, suivi d'un second quinze jours ou trois semaines après,
et l'on espace les plantes à 135 ou 162 millimètres les unes des autres ; quelquefois on
donne encore un troisième sarclage pendant
le cours de la végétation. Lorsque les carottes
sont semées en seconde récolte, tantôt on les
met dans la céréale au moment du dernier
binage donné au printemps, tantôt (et c'est
ce qui se pratique le plus ordinairement) on
les sème sur le chaume renversé par un coup
de charrue, ou même simplement hersé. A
leur levée, les carottes reçoivent un sarclage
à la main et un seul binage quinze jours après ;
on y répand de la courte-graisse, si le sol n'est
pas assez riche. La récolte a lieu généralement
en octobre. On arrache les racines avec le
louchet, on les décollète en tordant la fane

avec la main ou en la coupant avec un couteau, et on emmagasine la récolte, pour la donner, pendant l'hiver, aux chevaux et aux vaches. Plusieurs cultivateurs ont un autre mode de conservation ; ils laissent la récolte en terre pendant l'hiver, en se bornant à la couvrir d'une couche de fumier ; ils enlèvent les racines au fur et à mesure des besoins de la consommation : les carottes, traitées de la sorte, ne souffrent nullement de la gelée et se conservent beaucoup mieux que dans les caves ou les silos. On récolte environ 35 à 40,000 kilogrammes de racines par hectare.

—

PLANTES FOURRAGÈRES.

Choux.

On cultive trois variétés de choux dans le département du Nord : le chou collet, le chou frisé et le chou cavalier ; ce dernier est le plus répandu. On prépare la pépinière par deux ou trois labours, dont un très-profond ; on fume très-fortement, en novembre ou décembre, avec du fumier, de la courte-graisse, des urines, des boues de ville, et l'on sème à la volée vers la fin de février. Le terrain doit être bien égoutté, c'est pourquoi on a soin de tirer des rigoles d'écoulement à travers la pépinière. La pièce destinée aux choux reçoit de cinq à six labours ; les deux ou trois premiers ont lieu avant l'hiver et varient depuis 108 jusqu'à 162 et 217 millimètres ; au printemps, on donne un quatrième labour de 135 millim., suivi d'un autre quinze jours ou trois semaines après ; on conduit alors le fumier et on l'enterre par un dernier labour de 81 millim. Le repiquage a lieu vers la fin de juin, c'est toujours sur labour frais qu'il s'exécute. Les uns plantent les choux à 650 millim. en tous sens ; les autres, à 271 millim. ; plusieurs les mettent à 650 millim. dans les lignes et laissent un intervalle de 812 millim. entre les lignes.

Quand les choux sont bien repris, on fait un trou au pied de chaque plante et l'on y verse environ un demi-litre de courte-graisse. Il est essentiel, pour cette opération, que les feuilles se soient tout à fait relevées ; car, sans cela, on brûlerait la plante. Dans le cours de la végétation, les uns sarclent, les autres ne le font pas. On effeuille les choux frisés et les choux cavaliers, à mesure que les besoins se font sentir ; cette époque coïncide ordinairement avec la fin de l'automne ; quant aux choux collets, dans quelques localités, on les récolte les uns après les autres pour l'entretien du bétail, ou bien on les arrache tous à la fois, pour conserver la récolte dans la ferme. On pense néanmoins que les choux se conservent mieux sur pied que de toute autre manière. De toutes les récoltes fourragères, les choux sont les plantes qui donnent les produits les plus abondants ; ils sont généralement considérés comme très-épuisants. Le blé d'hiver succède rarement à une récolte de choux ; on préfère remplacer celle-ci par du blé de printemps ou de l'avoine.

Hivernage.

On appelle *hivernage*, dans le département du Nord, un mélange composé de vesces et de seigle ou de blé, et destiné à la nourriture du bétail. Ce fourrage se sème ordinairement après du blé, de l'avoine ou des betteraves : lorsqu'il doit succéder à des betteraves, on ne donne qu'un seul labour ; après du blé ou de l'avoine, on déchaume et on laboure à 135 ou 162 mill. ; cependant, si le sol est très-propre, on se contente de donner un seul labour et l'on herse avant de semer : les semailles ont lieu généralement vers la fin de septembre ou le commencement d'octobre. Suivant les localités, on emploie tantôt 25 litres de vesces et 80 litres de seigle, par rasière de 47 ares, tantôt 20 litres de blé, 80 litres de seigle et 1 hectolitre de vesces pour 3 rasières (1 hect. 44 ares). On enterre la semence par un coup de charrue suivi d'une dent de herse ou simplement par un hersage en croix. Dans plusieurs localités, on sarcle au printemps si la pièce contient des mauvaises herbes. On coupe la récolte au piquet lorsque les grains inférieurs sont bien formés, on la laisse sécher pendant un ou deux jours sur terre, puis on la lie en bottes de 5 kilog., qu'on dresse en chaînes jusqu'à ce que leur dessiccation soit complète; on obtient environ 600 bottes par demi-hectare.

Warats.

Sous la dénomination de *warats* on désigne un fourrage composé d'un mélange dans lequel il entre toujours des fèves et des vesces et quelquefois encore de l'avoine et des pois gris. Pour cette récolte, on prépare le sol par un ou deux labours donnés avant l'hiver sur le chaume d'une céréale; au sortir de l'hiver, on herse fortement le sol ; on sème, au mois d'avril, tantôt 2 hectolitres de fèves, 25 litres de vesces et quelques litres d'avoine par hectare, tantôt 2 hectolitres de fèves et 10 litres de vesces par rasière de 45 ares, et l'on enterre la semence par un coup de charrue; on récolte de la même manière que pour l'hivernage, lorsque les grains inférieurs commencent à se bien former.

Vesces.

Les vesces ne sont pas souvent semées seules, presque toujours on les mélange avec des fèves, de l'avoine ou du seigle. Avant de semer, on prépare environ 2 hectolitres de semence par hectare et l'on enfouit la graine par deux coups de herse suivis quelquefois d'un tour de rouleau. On récolte au piquet lorsque les feuilles du bas commencent à tomber et que les gousses prennent une teinte jaunâtre. Aussitôt après avoir coupé, on laisse la récolte pendant un ou deux jours sur terre, puis, s'il fait beau, on la met en chaînes de même que pour les warats. Quand il fait trop humide, on réunit six javelles non liées en une botte et on met la récolte en moyettes : c'est la meilleure manière d'assurer sa conservation. On obtient de 6 à 800 bottes de 5 kilog. par demi-hectare.

Trèfle rouge.

Dans le département du Nord, on sème ordinairement le trèfle, vers la fin de mars ou le commencement d'avril, dans le blé, le seigle et l'avoine, quelquefois aussi dans les haricots. On trouve qu'il vaut mieux semer le trèfle dans le blé qui suit le colza que dans l'avoine après blé; mais ce dernier est plus fin et meilleur pour les bestiaux. Tantôt on répand la graine avant le ploutrage, et alors on ne fait plus rien après cette opération, tantôt on commence par herser la céréale; on sème ensuite 5, 6 ou 7 kilogr. 5 h. de graines par demi-hectare, on ploutre et l'on fait passer le rouleau s'il fait sec. A Flines, on répand la graine au mois de mars dans le blé ou dans le seigle avant de sarcler, et on la recouvre au moyen du râteau ou de la petite herse; lorsqu'on sème dans l'avoine, on répand la semence sur le dernier hersage qui doit enterrer les céréales, et l'on fait ensuite passer le rouleau.

Dans l'arrondissement de Dunkerque, les cultivateurs se plaignent de ce que les mar-

chands grènetiers mèlent beaucoup de minette dans la semence de trèfle ; il en résulte
qu'au lieu de deux coupes et un regain qu'on
devrait avoir avec du trèfle, on n'a qu'une
seule coupe et un regain très-chétif que les
mauvaises herbes envahissent souvent.

Peu de cultivateurs fument leur trèfle au
moment même où ils le sèment, à moins que
le blé n'ait souffert de l'hiver; en revanche,
beaucoup d'entre eux fument, après que la céréale a été enlevée. Cette fumure varie.

Dans l'arrondissement de Dunkerque, on
applique toujours de l'engrais d'étable au
trèfle lorsqu'il est venu dans une avoine. Au
Grand-Millebrugges, M. Desgraviers fume son
trèfle, au mois de mars, avec du fumier de
ville; il met dix voitures pesant chacune 3,000
kilog., par mesure de 44 ares. A Wandignies,
quand la terre n'est pas assez riche, on fume
le trèfle avant l'hiver. M. Broy, à Cuincy,
répand, au printemps, un hectolitre de cendres de tourbe par rasière de 42 ares (1).
MM. Fiévet, à Masny, emploient simultané-
ment des cendres de houille et de tourbe; ils
les répandent sur le trèfle quand celui-ci com-

(1) Cette dose nous semble bien faible, surtout
pour des cendres de tourbe.

mence à partir. M. Desmoutiers, à Faumont, met 40 hectolitres de cendres de Hollande à l'hectare ; M. Baucq, au Faux-Viviers, applique les cendres, au mois d'octobre. A Flines, on répand, au mois de mars, des cendres de houille ; dans l'arrondissement de Valenciennes, on répand quelquefois de la chaux sur le trèfle au printemps, mais ordinairement on le fume avec des tourteaux ou du purin.

Le plâtrage du trèfle n'a lieu que par exception dans le département du Nord, par suite de la cherté de cet amendement et des difficultés qu'on éprouve à se le procurer.

La première coupe s'obtient ordinairement à l'époque de la Saint-Jean ; suivant les localités, on fauche le trèfle ou bien on le coupe avec le piquet.

A Flines, lorsque la récolte est droite, on la fauche ; mais, si elle est versée, on emploie le piquet. Quelques cultivateurs, l'année même de la semaille, lorsque le trèfle a poussé vigoureusement, fauchent déjà cette première coupe ; mais cette pratique est généralement réputée mauvaise, et l'on compromet ainsi la récolte ; on tient, au contraire, pour une excellente méthode, de faire pâturer cette première coupe, au mois de septembre ou d'octobre, par les vaches.

Ce mode de dessiccation n'est pas partout le même. Dans l'arrondissement de Dunkerque, si le trèfle (et il en est de même pour tous les autres fourrages) n'est pas très-épais, on le laisse sécher en javelles tel que la faux le couche par terre; dans le beau temps, il reste ainsi deux ou trois jours; le quatrième jour, au matin, on le retourne, et, le soir, on le met en meulons. C'est la meilleure méthode qu'on puisse employer, au dire des cultivateurs : le trèfle, traité de cette manière, ne perd aucune feuille, et le foin conserve toute sa saveur. Lorsque le trèfle est très-fort, on l'éparpille de suite après l'avoir coupé, et on le retourne au bout de quelques jours. En général, on le *lève*, vers le quatrième jour, pour le mettre en petites *ramées*, dont on augmente par degrés le volume, jusqu'à ce qu'on les entasse en meules ; les meules sont revêtues d'une couverture en paille ; la récolte, après être restée quelque temps dans cet état, est rentrée non bottelée. Une fois dans la ferme, on la serre dans des greniers au-dessus des étables et des écuries, plus souvent encore sous des hangars ouverts sur les côtés, ou bien on la garde en meules fortement tassées auprès de la cour. A Wandignies, le trèfle, aussitôt après avoir été coupé, est épandu de même que le foin de prairies et traité ensuite comme dans l'arrondissement de Dunkerque. A Flines, le trèfle bien réussi est également éparpillé aussitôt qu'on l'a fauché ; mais, dès qu'il est à moitié sec, on ne l'épand plus, on le roule alors en chaînes que l'on se borne à défaire deux ou trois fois, pour les refaire ensuite, en ayant soin de mettre dessus ce qui était dessous : on rentre bottelé et non bottelé.

Dans l'arrondissement d'Hazebrouck et dans celui de Lille, quand on craint le mauvais temps, quelques jours après que le trèfle est resté étendu sur le sol, on le met en meulons que l'on recouvre d'une botte de paille renversée, liée près du col, et traversée dans son milieu par un pieu destiné à lui donner plus de solidité ; cette botte est, en outre, assujettie par quatre piquets enfoncés dans le meulon et entourés d'un lien. Si la récolte est mouillée, on laisse le trèfle se ressuyer pendant vingt-quatre heures ; après ce temps, on le dresse par petites javelles posées de champ l'une contre l'autre par leur partie supérieure, de manière qu'il y ait un espace vide dans le bas sur toute la ligne ; les javelles sont un peu croisées vers le haut, et doivent être serrées, avec le pied, les unes contre les autres dans le bas ; aux deux extrémités de la ligne, on place trois javelles liées ensemble vers le tiers supérieur et destinées à servir de point d'appui. Le trèfle ainsi disposé en chaînes, on l'y laisse cinq ou six jours quand il fait beau, ensuite on le bottelle. Le trèfle mouillé, traité de cette manière, perd, il est vrai, de sa couleur, mais il conserve sa qualité. La seconde coupe se traite comme la première : le regain est parfois recueilli en foin , mais, le plus souvent, on le fait pâturer par les bêtes à cornes, ou bien on l'enfouit comme demi-fumure.

Dans plusieurs arrondissements, on obtient, en première coupe, 600 bottes de 5 kilog. par demi-hectare, et 3 ou 400 bottes seulement en seconde coupe ; dans quelques localités, où le sol est moins bon pour cette récolte, la première coupe ne rend que 300 bottes de 6 kilog. et la deuxième 200 par rasière de 47 ares.

Les opinions sont partagées sur l'époque à laquelle il convient de faire revenir le trèfle sur la même pièce. Dans l'arrondissement de

Dunkerque, les uns l'admettent, tous les quatre ans, sur les terres fortes, les autres veulent qu'on attende cinq ou six ans ; dans l'arrondissement d'Hazebrouck, on croit que le trèfle réussit mal si on le ressème avant huit ans ; dans celui de Lille, on laisse s'écouler, en général, un intervalle de sept ou huit ans avant d'ensemencer de nouveau en trèfle une terre qui en a déjà porté ; dans l'arrondissement de Douay, plusieurs le font revenir tous les six ans, d'autres tous les quatre ou cinq ans ; dans l'arrondissement de Valenciennes et dans celui d'Avesnes, on ne fait aucune difficulté d'en semer de nouveau tous les six ans sur la même sole.

La plupart des cultivateurs pensent qu'après un trèfle bien réussi la récolte de blé est assurée. Aux environs de Flines et surtout de Saint-Amand, j'ai vu des pièces entières infestées par la petite orobanche (*orobanche minor*); mais il ne paraît pas que cette plante parasite soit commune dans les autres localités.

Luzerne.

A part quelques rares exceptions, la luzerne n'est point cultivée dans les arrondissements de Dunkerque, d'Hazebrouck, de Lille et d'Avesues, parce que, suivant les uns, le sol est trop fort et trop humide pour cette plante; suivant les autres, parce que, dans beaucoup de localités, la terre trop herbeuse étoufferait le fourrage dès la seconde année; suivant quel-uns enfin, chose vraiment singulière ! parce que la luzerne ne donne qu'un médiocre four-rage. S'il nous était permis d'émettre ici notre opinion, nous serions tenté de croire que la véritable cause qui empêche qu'on ne se livre davantage à la culture de cette plante pré-cieuse, c'est qu'elle occupe trop longtemps la terre, et qu'en général, dans un département aussi chargé de population que celui du Nord, il est plus avantageux d'alterner des récoltes annuelles, telles que le trèfle, l'hivernage, les vesces, les pois et les warats, avec des plantes sarclées dont la végétation ne dure également qu'un an, qui exigent de nombreux sarclages, et qui préparent très-bien le sol à recevoir ensuite une récolte de céréales sans addition d'engrais. M. Desgraviers, près Millebrugges, a introduit dernièrement la luzerne dans un sable de dunes, près de Dunkerque ; la végé-tation vigoureuse qu'elle y déploie depuis plusieurs années prouve qu'on pourrait utiliser, avec grand profit, cette plante à longues racines pivotantes pour fixer les terrains mouvants ; déjà cette méthode a parfaitement réussi à Ambleteuse (département du Pas-de-Calais); les fortifications de Dunkerque, plantées de luzerne, qui y fournit trois coupes très-abondantes, sont encore une preuve que cette plante réussit fort bien dans des sols sablonneux.

Dans les localités où l'on cultive la luzerne, on la sème dans le blé qui suit un trèfle ou une récolte sarclée fumée. On répand 6 à 8 kilog. de graines par demi-hectare, tantôt après, tantôt avant le sciage de la céréale, suivi souvent d'un ploutrage ou d'un tour de rouleau. Plusieurs cultivateurs répandent, chaque année, sur la luzerne 30 hectol. de cendres de tourbe, moitié au printemps et moitié pendant l'hiver suivant.

On coupe la luzerne avec la faux ou le piquet lorsque les plantes sont en pleine floraison ; M. Hamoir-Boursier, à Sautain, préfère ne piqueter que lorsque le bouton n'est pas encore ouvert. La récolte se traite de la même manière que celle du trèfle. On obtient 6 à 800 bottes de 5 kilog. en première coupe, et 4 ou 500 seulement aux deux autres coupes, par demi-hectare.

La plupart des cultivateurs pensent qu'il

ne faut faire revenir la luzerne sur la même sole qu'après un laps de temps égal à celui pendant lequel elle a occupé le terrain.

Sainfoin ou esparcette.

Le sainfoin est particulièrement cultivé dans l'arrondissement de Dunkerque et dans qnelques communes de l'arrondissement de Douay ; il passe pour le meilleur des fourrages. On ne partage pas , dans le département du Nord, à l'égard de cette plante , l'opinion si répandue ailleurs , que le sainfoin exige absolument un sous-sol crayeux. Les cultivateurs de l'arrondissement de Dunkerque le placent indistinctement dans tous les terrains, mais surtout dans les sols sablonneux du pays à watteringues ; il y réussit très-bien. On sème ce fourrage dans le seigle , les fèves , les warats et l'avoine , au moment où l'on braque ces plantes pour la première fois , c'est-à-dire vers la mi-avril. On répand un hectolitre et demi par demi-hectare et l'on enterre la graine par un ploutrage suivi généralement d'un tour de rouleau. Quelquefois on fume le sainfoin au printemps avec des cendres. On le coupe avec la faux ou le piquet, lorsque les deux tiers des grains sont mûrs ; du reste, la récolte se traite et se conserve exactement de la même manière que le trèfle.

Le sainfoin rend de 6 à 800 bottes, pesant chacune 5 kilog. par demi-hectare ; le regain est le plus souvent pâturé par le bétail. On retourne, en général, la sole de sainfoin à la fin de la troisième année.

Il est d'expérience, dans le Nord, qu'après plusieurs cultures de sainfoin, les terrains crayeux, qui ne pouvaient rapporter, dans l'origine, que de maigres récoltes d'orge et d'avoine, donnent de fort belles récoltes de blé, remarquables surtout par la pesanteur et la qualité du grain.

—

DES PATURES.

On appelle de ce nom, dans le département du Nord, des pâturages enclos de toutes parts et abandonnés exclusivement au bétail qui y vit en liberté pendant une partie de l'année ; les pâtures sont surtout répandues dans les arrondissements de Dunkerque, d'Hazebrouck, de Lille et d'Avesnes, et, telle est l'importance de ce genre de culture, qu'on regarde comme impossible de se tirer d'affaire sans cette ressource précieuse ; aussi donne-t-on les plus grands soins aux pâtures, et, dans certaines localités, leur valeur est-elle extrêmement élevée. Aux environs de Bergues, les pâtures grasses se vendent 3 à 4,000 fr. la mesure de 44 ares ; dans les arrondissements d'Hazebrouck et de Lille, on vend communément le demi-hectare 2,400 à 2,600 fr. ; à Avesnes, leur prix s'élève encore plus haut.

La première opération, lorsqu'on veut établir une pâture, consiste à entourer le terrain qu'on lui destine d'une haie, composée tantôt d'épines blanches (*mespilus oxyacantha*), tantôt d'épines noires (*prunus spinosa*), quelquefois d'ormes (*ulmus campestris*), de coudriers (*corylus avellana*), de peupliers (*populus nigra*) et d'aunes (*alnus glutinosa*). Les haies d'aubépine passent pour les meilleures de toutes ; on plante trois épines à chaque pied de distance. Dans certaines localités, notamment dans le pays à watteringues de l'arrondissement de Dunkerque, les pâtures sont fermées, la plupart du temps, par des fossés, des piquets, des barrières en bois, quelquefois aussi par de petites murailles en terre, formées de six couches de gazon de 270 mill. environ d'épaisseur, posées en talus les unes sur les autres, herbe contre herbe, et recouvertes par une septième couche de gazon placée dans sa position naturelle et défendue souvent par une rangée d'épines sèches. Cette espèce de clôture, que le temps consolide chaque jour, coûte 65 centimes de façon par verge de 4 mètres environ, non compris l'achat des épines.

Plusieurs cultivateurs abandonnent à la nature le soin d'enherber les pâtures; mais cette méthode, généralement blâmée, est peu suivie; elle n'est tolérable que dans les sols essentiellement propres à se couvrir d'herbes, encore est-elle fort longue et expose-t-elle à avoir des pâtures médiocres, composées, en grande partie, de plantes inutiles ou même nuisibles. Les bons cultivateurs procèdent autrement.

Pendant l'année qui précède celle de la mise en pâture, on fait un lit-avant, c'est-à-dire que des ouvriers suivent la charrue en creusant le sillon d'un fer de louchet; on fume fortement avec du fumier d'étable qu'on laisse étendu, une partie de l'hiver, sur la terre nouvellement ramenée du fond; au printemps, on enterre le fumier par un labour superficiel, on donne ensuite un nouveau labour de

135 mill., et l'on sème des fèves ou des pommes de terre. L'année suivante, on sème du blé, du sucrion ou de l'avoine, et, au moment des binages, on répand les graines destinées à former la pâture. Dans l'arrondissement d'Avesnes, il suffit de trois années de pâturage pour convertir une terre médiocre en pâture excellente, pourvu qu'on ait soin de semer une graine bien choisie dans une terre parfaitement nette de mauvaises herbes, suffisamment engraissée et plantée de bonnes espèces fourragères.

Les plantes qui forment le fonds des meilleures pâtures sont le pâturin annuel (*poa annua*), le pâturin des prés (*poa pratensis*), le ray-grass (*lolium perenne*), le vulpin des champs (*alopecurus agrestis*), la chicorée sauvage (*cichorium intybus*) et le trèfle rampant (*trifolium repens*); cette dernière plante, regardée partout, là où elle domine, comme l'indice d'une excellente pâture, passe pour funeste aux vaches chez M. de Powers, aux Grandes-Moëres, à tel point même que le fermier a obtenu du propriétaire, par une exception unique en ce genre, la permission de défricher ses pâtures tous les 6 ou 7 ans, époque à laquelle paraît ordinairement cette légumineuse. Suivant cet habile cultivateur, les vaches qui mangent du trèfle rampant dépérissent chaque jour ; leurs excréments se changent en eau et sont rejetés au dehors sous la forme de grands jets liquides : les Flamands disent alors que les vaches *dalle chiten ;* s'il survient de petites écumes à la surface des excréments, il n'y a plus d'espoir de sauver l'animal, il est perdu sans ressources. Cette singulière propriété du trèfle rampant lui est-elle communiquée par le sol humide des Moëres, ou bien la maladie tient-elle à une prédisposition de l'animal, c'est ce dont je n'ai pu m'assurer, malgré mes recherches. Toujours est-il que M. de Powers, après une expérience de longues années, n'hésite pas à l'attribuer au trèfle rampant que, dans les autres localités, on estime comme un fourrage excellent pour toute espèce d'animal, et particulièrement pour les vaches et les moutons.

Dans l'arrondissement de Dunkerque, les pâtures sont fumées, tous les trois ans, avec du fumier d'écurie, dans la proportion de 12 voitures, pesant chacune 5 à 600 kilog., par mesure de 44 ares 4 centiares ; on y répand encore des balayures de grange et de cour, ainsi que des cendres. Dans les pâtures de première classe , on fume avec du fumier de ville. Dans ce canton , ainsi que dans celui de Gravelines , les pâtures , en général , ne sont pas plantées.

Autour de Bergues , les pâtures ne sont fumées que tous les dix ans.

Près de Steene , on les fume tous les deux ou trois ans avec du fumier de grange pourri, des courtes-pailles et du fumier de ville. Les pâtures grasses, dans ce canton , ne sont pas plantées ; les autres reçoivent un certain nombre d'arbres fruitiers , tels que pommiers et poiriers , et quelquefois encore des essences forestières , comme le charme , l'orme , le chêne , le frêne. En général , on est peu partisan ici des plantations dans les pâtures , parce que les bestiaux détériorent les arbres quand ceux-ci ne sont pas suffisamment défendus , et surtout parce que l'herbe venue sous les plantations reste *sûre* , privée qu'elle est de l'influence du soleil , et que les chevaux et les vaches ne la mangent que lorsqu'ils n'en trouvent pas d'autre.

M. Vanden-Bavière, aux Petites-Moëres , répand de la courte-graisse sur ses pâtures : lors de son entrée en ferme, celles-ci étaient remplies de roseaux, il s'en est débarrassé en fumant fortement avec du fumier d'écurie et en faisant manger les roseaux sur pied par ses chevaux et ses moutons.

Dans l'arrondissement d'Hazebrouck, les pâtures sont fumées tous les 3, 4 ou 5 ans ; elles sont plantées, pour la plupart, en arbres à fruit.

M. Weymel, à la Chapelle-les-Armentières, fume tous les ans ses pâtures en y mettant cent soixante tonneaux de courte-graisse par bonnier (1 hectare 42 ares). Dans le reste de l'arrondissement de Lille, on fume tous les deux ou trois ans, tantôt avec des engrais liquides, tantôt avec des fumiers d'étable. Les pâtures sont plantées d'arbres fruitiers et d'arbres montants.

Dans l'arrondissement d'Avesnes, on ne fume que tous les 7 ou 9 ans ; les pâtures se soutiennent avec le seul pâturage, lorsqu'on a soin d'étendre régulièrement les bouses de vaches et de bœufs. L'année qui suit celle où l'on a fumé, il est d'usage de faucher les pâtures : parmi celles-ci, les unes sont plantées d'arbres fruitiers, les autres ne reçoivent aucune plantation ; toutes sont entourées de haies très-élevées.

L'époque à laquelle on met le bétail dans

les pâtures varie peu : dans les pays à watte-ringues, on y envoie depuis le 15 mai jusqu'à la fin de novembre; dans le pays au bois, tantôt depuis le commencement de mai jusqu'à la fin d'octobre.

Dans les arrondissements d'Hazebrouck et de Lille, on ne commence ordinairement à mettre les bestiaux dans les pâtures qu'à partir du 12 avril, et ils y restent jusqu'à la fin d'octobre.

Dans l'arrondissement d'Avesnes, les bestiaux y sont mis du 15 avril au 8 mai; les bœufs y restent jusqu'en octobre, les vaches jusqu'au 15 novembre.

Tous les cultivateurs regardent comme indispensable d'appliquer à la fois à une pâture le nombre de bestiaux nécessaire pour en consommer l'herbe. A Gravelines, on pense qu'il faut deux mesures de pâture de deuxième classe, de 44 ares chacune, pour nourrir une vache ou un cheval; il n'est besoin que d'une mesure si la pâture est de première classe; de même, dans les pâtures grasses autour de Bergues, il suffit d'une mesure pour nourrir une tête de bétail. M. de Mennynck, célèbre engraisseur de bestiaux, pense que, dans une pâture de six mesures, on peut mettre sans inconvénient 11 à 12 bêtes à cornes.

Dans les arrondissements de Lille et d'Hazebrouck, on affecte 45 ares à la nourriture d'une vache ou d'un cheval; dans l'arrondissement d'Avesnes, il faut 55 ares pour nourrir une tête de gros bétail.

Dans toutes les localités on évite avec soin que l'herbe monte trop, et surtout qu'elle vienne à fleurir, parce qu'alors elle détériore considérablement le pâturage; c'est pourquoi, lorsque le printemps est chaud et humide, et, par suite, très-favorable à la production de l'herbe, on force pendant quelques jours le nombre des bestiaux.

Pendant le pâturage, les bons cultivateurs ne négligent pas de faire prendre les taupes par de petits chiens dressés à cet effet dans le canton de Bergues, et de faire épandre les taupinières. On étend deux fois par semaine, avec un râteau, les excréments des bestiaux; on arrache les mauvaises herbes, telles que les chardons, les renoncules, les oseilles, la marguerite des prés et autres plantes qui salissent la pâture. On regarde comme une excellente pratique de laisser un peu d'herbe dans les pâtures à la fin de la campagne, afin d'en avoir de bonne heure l'année suivante.

Quelques pâtures sont irriguées par reprise d'eau, depuis le mois de décembre jusqu'au printemps; lorsque le printemps est très-pluvieux, on diminue les arrosements, de peur de rendre les pâtures trop tardives; on a surtout bien soin de ne jamais remettre d'eau avant que la pâture soit bien ressuyée : c'est pourquoi on laisse deux ou trois jours d'intervalle entre chaque irrigation.

DES PRAIRIES.

On ne rencontre, en général, de prairies dans le département du Nord que dans les localités où l'on peut disposer d'un cours d'eau pour irriguer, sur les bords des rivières sujettes à déborder, et dans les sols tourbeux qui n'ont pas été suffisamment assainis pour être livrés à la culture : ces dernières existent surtout dans l'arrondissement de Douay.

Les prairies les plus remarquables du département sont celles de la Lys, des deux Helpes et des environs de Marchiennes.

Les prairies de la Lys, les plus renommées de toutes par l'abondance et la qualité de leurs produits, doivent leur étonnante fertilité aux

inondations de la rivière, qui y dépose, tous
les ans, un limon épais. L'industrie des propriétaires riverains ajoute encore à cette richesse naturelle ; non contents de l'engrais
apporté par les eaux, ils retirent encore du
fond de la rivière, à l'aide d'un instrument
appelé *vague*, la vase ou coulin qui s'y trouve
accumulé : cette opération s'exécute pendant
toute l'année, et, de préférence, par un beau
temps. L'herbe de ces prairies est extrêmement fine et bien serrée au pied ; les principales espèces qui la composent sont :

L'Avoine élevée (*Avena elatior*).
Le Ray-Grass (*Lolium perenne*).
La Jachée (*Centaurea nigra*).

On y remarque encore :

Les Trèfles champêtre, filiforme et le trèfle blanc
(*Trifolium campestre, filiforme, repens*).
La Fléole des prés (*Phleum pratense*).
Le Vulpin des champs (*Alopecurus agrestis*).
     — des prés (— *pratensis*).
     — genouillé (— *geniculatus*).
     — bulbeux (— *bulbosus*).
La fléole noueuse (*Phleum nodosum*).
La Fétuque élevée (*Festuca elatior*).
La Fétuque des prés (*Festuca pratensis*).
Le Pâturin des prés (*Poa pratensis*).
Le Pâturin annuel (*Poa annua*).
La Houlque laineuse (*Holcus lanatus*).

On fauche lorsque la floraison commence un peu à passer; on laisse l'herbe en andains pendant vingt-quatre heures; le lendemain, on l'éparpille, on la met ensuite en petits tas. Ces tas sont défaits le troisième jour, et, peu de temps après qu'on les a retournés à diverses reprises, on les réunit en tas plus forts, puis enfin en grosses meules. Le foin s'y échauffe, il sue, jette son feu et peut être rentré ensuite sans inconvénient; on le rentre lié ou non lié. Lorsque l'année est favorable, on obtient jusqu'à deux coupes : la première rend 6 à 750 kilog. par cent. de terre; la seconde ne donne que 2 à 250 kilog. : celle-ci dépend beaucoup de la température. Quelquefois on fait faucher la première coupe sans autres frais que ceux d'abandonner le regain aux ouvriers.

A Castres, près Bailleul, les prairies sont fumées tous les deux ou trois ans avec des boues de ville, et l'on irrigue par reprise d'eau.

Dans l'arrondissement d'Avesnes, sur les bords des deux Helpes, les prairies, bien qu'inférieures à celles de la Lys, sont encore d'excellente qualité; on y retrouve la plupart des plantes des bords de la Lys. Dans les parties plus sèches que fraîches, les graminées qui forment la base des prairies sont :

La Flouve odorante (*Anthoxanthum odoratum*).
La Houlque molle (*Holcus mollis*).
Le Dactyle aggloméré (*Dactylis glomerata*).
La Fétuque rouge   (*Festuca rubra*).
La Fétuque ovine   (— *ovina*).
    — duriuscule (— *duriuscula*).
    — hétérophylle (— *heterophylla*).
    — glauque   (— *glauca*).
L'Avoine jaunâtre (*Avena flavescens*).
Le Pâturin à feuilles étroites (*Poa angustifolia*).
Le Pâturin des bois (*Poa nemoralis*).
La Canche blanchâtre (*Aira canescens*).
La Queue-de-chien (*Cynosurus cristatus*).
La Mélique uniflore (*Melica uniflora*).
Le Grelot (*Briza media*).

Parmi les autres plantes étrangères à la famille des graminées, on distingue :

Le Lotier corniculé (*Lotus corniculatus*).
Le Trèfle rampant (*Trifolium repens*).
Le Grand plantain (*Plantago major*).
Le Plantain lancéolé (— *lanceolata*).

La fenaison a lieu de la même manière qu'aux environs d'Armentières, avec cette différence essentielle, cependant, qu'on n'obtient jamais qu'une coupe dans ces localités, et que le regain est toujours abandonné au bétail. On fume quelquefois les prés avec de la courte-paille et des débris de grange et de grenier.

Les prairies tourbeuses de l'arrondissement de Douay sont, en général, composées de bonnes espèces ; malheureusement l'excès d'humidité favorise la multiplication des mauvaises plantes au détriment des bonnes : c'est ainsi qu'on y trouve des laiches (*carex*), des salicaires (*salicaria*), la rue (*ruta*), l'oseille (*rumex*), l'œnanthe (*œnanthe*), la berle (*heracleum*), des linaigrettes (*eriophorum*), des pédiculaires (*pedicularis*), des crêtes-de-coq (*rhinanthus*) et des pas-d'âne (*tussilago*). Le meilleur moyen de débarrasser ces prairies des plantes qui leur nuisent consiste à les couper par des saignées, et à leur appliquer des amendements de cendres et de chaux. Dans plusieurs localités de l'arrondissement de Douay, et surtout dans le canton de Marchiennes, on vend souvent le produit des prairies aux enchères; ces sortes de propriétés donnent de la sorte, bon an mal an, un revenu net de cinq pour cent, produit qui s'explique, du reste, par la rareté des fourrages qu'on éprouve dans cette partie du département.

DU BÉTAIL.

Les animaux employés à la culture, dans le département du Nord, peuvent être rangés sous deux grandes divisions : les animaux de trait et les animaux de rente; aux premiers appartiennent les chevaux et les bœufs de travail, les seconds comprennent les vaches, les moutons et les porcs.

Chevaux.

On distingue deux races de chevaux dans le département du Nord : la race boulonnaise, remarquable par sa taille, par l'harmonie qui règne dans toutes ses parties, ainsi que par la bonté de son tempérament; cette race domine dans tous les arrondissements. Quelques-uns des cantons les plus rapprochés de la frontière ont seuls adopté la race belge, qui ne diffère réellement de la précédente que par sa taille plus grande et l'énorme développement de ses parties.

Les méthodes d'élève et d'entretien varient suivant les arrondissements.

Dans la partie sud de l'arrondissement de Dunkerque, on tient exclusivement des chevaux boulonnais. La jument est saillie à sa troisième année; elle travaille aux labours jusqu'au moment du poulinage. Aussitôt qu'elle a mis bas, on lui donne de l'eau blanche et on la prive de foin pendant quatre jours; on le lui rend ensuite par degrés, en ajoutant à sa ration du foin de trèfle et de la paille de blé et d'avoine. Le poulain tette pendant quatre ou cinq mois; à cette époque, on le sépare de sa mère, et on lui donne de l'avoine, des farineux, de l'eau de son et du sainfoin, ce dernier à discrétion : pendant le sevrage, on le tient à l'écurie ou dans les pâtures. Il commence à travailler à partir de deux ou trois ans; mais le plus souvent des marchands viennent l'acheter à 18 mois, au prix de 300 à 800 fr., pour le conduire en Normandie. Là, le poulain reste renfermé à l'écurie; il s'y dégraisse la ganache que l'habitude des pâtures a rendue lourde et graisseuse, et il prend une belle encolure. Au bout de 12 ou 15 mois de séjour en Normandie, les chevaux sont reconduits dans le département du Nord ; ils ont alors près de trois ans : les plus beaux se payent 1,500 fr. ; mais de telles acquisitions sont fort rares.

Le cheval de labour travaille huit heures par jour, en deux attelées : la première de

6 heures à 10, la seconde de 2 heures à 6 heures ; dans les grands jours de l'été, ils se reposent pendant une demi-heure vers les cinq heures, et continuent leur travail jusqu'à sept heures et demie. Lorsqu'on emploie les chevaux au charriage, ils travaillent depuis quatre heures du matin jusqu'à huit, se reposent pendant une heure, et charrient de nouveau depuis neuf heures jusqu'à midi ; ils reprennent ensuite depuis deux heures jusqu'à cinq, se reposent une demi-heure, et rentrent définitivement à l'écurie sur les huit heures du soir. Leur nourriture ordinaire consiste, chaque jour, en 10 kilog. de foin, un boisseau d'avoine contenant 10 à 12 litres, et en paille, qu'on leur donne à discrétion. Pendant l'hiver, on leur donne des carottes avec de l'avoine ; quand ils ne travaillent pas, ils ne reçoivent que 12 litres d'avoine et 10 kilog. de paille. Ils font trois repas : le premier à la pointe du jour, le second à 11 heures, et le soir en revenant des champs. Ils sont étrillés et bouchonnés deux fois par jour.

Dans l'arrondissement d'Hazebrouck, les bons cultivateurs regardent, en général, l'élève des chevaux comme peu avantageux ; on trouve qu'il y a plus de profit à acheter les bêtes dont on a besoin, parce que la nature argileuse du sol expose les juments à avorter, c'est pourquoi on fait peu d'élèves : les bêtes de trait sont tirées du Pas-de-Calais et de la Belgique. L'hiver, dans cet arrondissement, il est impossible de voiturer ni de travailler, les chevaux restent ordinairement quatre mois à l'écurie sans faire aucun travail ; l'été, ils travaillent depuis six heures jusqu'à onze, ils retournent ensuite aux champs depuis deux heures jusqu'à huit heures ; à cinq heures du soir, de même que le matin vers les huit heures, il soufflent et mangent environ 1 kil. 5 hect. de trèfle à chacun de ces deux repas pris au milieu des champs. Le matin, à la pointe du jour, à onze heures et demie, et le soir en rentrant des champs, on leur donne 5 à 6 litres d'avoine mêlés d'un tiers de fèves ; ils passent la nuit avec une botte de foin de trèfle ou de prairie pesant 4 kil. à 4 kil. 5 hect. Les chevaux sont étrillés et bouchonnés une fois par jour.

On ne fait pas non plus d'élèves dans l'arrondissement de Lille. Au dire des cultivateurs, les terres y sont trop fortes : les chevaux viennent de Bruges, de Poperingue, d'Ixmuth, de Gand et du Pas-de-Calais ; ils travaillent à deux ans. Depuis la fin d'avril jusqu'au mois de novembre, ils vont aux champs, de quatre à cinq heures du matin jusqu'à huit, rentrent à la ferme pour manger, en repartent à neuf heures pour labourer jusqu'à midi ; ils restent à l'écurie pendant deux heures, travaillent ensuite de deux à cinq, rentrent encore à la ferme et retournent à la charrue depuis six heures jusqu'à la nuit. L'hiver, lorsqu'on ne peut plus entrer dans les champs, on les emploie à faire les charrois sur les grandes routes, et surtout à aller à la ville chercher des engrais. Ils font cinq repas : le premier a lieu à trois heures 1/2 du matin, on leur donne de l'hivernage, 18 litres d'avoine par jour et 3 litres de fèves ; ils reçoivent une botte de foin de 5 kilog. pour passer la nuit : on leur sert l'avoine avec du coupage et des fèves, le tout par égales portions. En général, on trouve dans cet arrondissement que la race belge est trop pesante ; on lui préférerait la race boulonnaise si la ténacité du sol n'exigeait des animaux très-vigoureux ; les chevaux belges sont surtout estimés pour un coup de collier : on les panse deux fois par jour.

Dans l'arrondissement de Douay, les modes d'élève et d'alimentation sont plus variés.

Chez M. Ducouvent, à Wandignies, les juments sont saillies de quatre à cinq ans ; le poulain tette pendant trois mois, on donne alors à la mère des eaux blanches très-chargées et une double ration d'avoine et de fourrage. Le poulain est sevré, après le quatrième mois ; on le coupe à deux ans ; à cette époque, ou mieux à trois ans, on commence à le faire travailler en le ménageant beaucoup la première année. Les chevaux de labour et de charroi font trois repas ici et quatre au-dessus de Marchiennes : le premier, à trois heures du matin, consiste en foin, avoine et hivernage coupé ; à huit heures, les chevaux reviennent faire un léger repas à la ferme ; à midi et le soir à huit heures, ils reçoivent de l'avoine avec de l'hivernage ou des warats. Ils consomment par jour 7 kilog. 5 hect. de foin, 18 à 20 litres d'avoine et d'hivernage à discrétion : ce fourrage est coupé très-court et se donne un peu mouillé avec l'avoine. Les chevaux sont étrillés et bouchonnés deux fois par jour.

Dans le canton d'Arleux, la ration journalière de quatre chevaux consiste en deux bot-

tes de fèves ou d'hivernage pesant chacune
4 à 5 kilog., deux bottes de luzerne de 4 à 5 kil.,
et en 20 litres d'avoine : la paille se donne à
discrétion ; les chevaux font trois repas.

M. Broy, à Cuincy, fait faire à ses chevaux
trois repas, composés chacun de 2 litres d'a-
voine, d'une botte de 2 kil. 5 h. à 3 kilog. de
fèves ou d'hivernage et d'une botte de foin de
2 à 2 kil. 5 hect. : ils ont une botte de paille
pour la nuit : le premier repas a lieu, l'hiver,
à quatre heures du matin ; l'été, à deux heures ; le second, à onze heures et demie ; le
troisième, à sept heures et demie. Les chevaux sont étrillés et bouchonnés une fois.

Chez M. Gruyelle, à Coutiches, les chevaux
ont, à chaque repas, de l'hivernage coupé, de
l'avoine et du foin ; ils reçoivent, chaque jour,
12 litres d'avoine, 10 kilog. de foin et 7 kilog.
5 h. d'hivernage ; la nuit, on leur donne une
botte de paille. Quand il y a du fourrage nouveau, on a soin de mêler un peu de son à la
boisson. Les élèves tettent pendant trois mois ;
après ce temps, on leur donne une poignée
d'avoine sèche, de l'eau blanche et du foin.
Ils restent à l'écurie toute la première année ;
la seconde année, on les envoie à la pâture
depuis le printemps jusqu'à la Toussaint, et,

chaque soir, on leur donne une botte de trèfle ; ils sont coupés à dix-huit mois et commencent à travailler légèrement à deux ans ou deux ans et demi. Les chevaux sont pansés une fois par jour.

M. Baucq, au Faux-Viviers, donne également trois repas à ses chevaux : chaque cheval consomme, par jour, 5 kilog. de foin, 10 litres d'avoine et 5 kilog. de coupage, composé de trèfle 1/3, paille de blé 1/3 et paille de seigle 1/3 ; le blé et le seigle sont donnés battus ; mais, si les chevaux diminuent, on leur sert le grain provenant du tiers de seigle, sous forme d'eau blanche. Le matin, les chevaux reçoivent de l'avoine et du coupage mêlés ensemble, puis du foin ; on a soin qu'ils aient toujours de l'eau à leur portée au-dessous du râtelier ou de la crèche, d'après cette opinion générale dans le pays, qu'on ne saurait avoir de chevaux gras, si ceux-ci ne peuvent humecter leurs fourrages. A midi et le soir, on donne du coupage mélangé avec de l'avoine ; ils passent la nuit avec une botte de paille.

Tous les chevaux de cet arrondissement font deux attelées par jour : la première, de six heures du matin à onze heures ; la seconde, de deux heures à huit heures du soir ; ils se re-

posent une demi-heure, le matin à huit heures
et, le soir, à cinq heures ; dans quelques fermes, on les fait rentrer à ces heures-là pour
prendre un léger repas.

Dans l'arrondissement de Valenciennes,
MM. Blanquet et Harpigny, à l'époque de la
rentrée des betteraves, donnent, une fois par
jour, 40 litres de carottes pour six chevaux;
au plus fort des travaux, on leur distribue
deux ou trois fois par jour de l'avoine, dans
la proportion de 40 litres, à chaque repas pour
six chevaux; à midi, ces mêmes chevaux reçoivent une ou deux bottes de foin, et le soir,
des fèves, de l'hivernage et du foin de trèfle,
pour passer la nuit.

On ne fait d'élèves dans ces arrondissements
que dans quelques communes, principalement
dans les cantons de Condé et de Saint-Amand.
Les juments sont saillies à quatre ans : avant
le part, on leur donne de l'eau blanche et
10 litres d'avoine ; la nourriture est la même
après qu'elles ont pouliné, seulement on
ajoute un peu de son. Le poulain est sevré à
trois mois. A cette époque, on lui donne, chaque jour, 2 kil. 5 hect. de foin, 4 litres d'avoine
et un peu de son ; on continue ce régime pendant quatre ou cinq mois, et ensuite on le

soumet à la nourriture ordinaire des autres chevaux, sauf, toutefois, la proportion. On le coupe à deux ou trois ans ; dès la seconde année, il commence un peu à travailler : on l'emploie pour rouler et pour faire des labours légers ; mais on évite de l'appliquer aux charrois. Les chevaux sont étrillés et bouchonnés une fois par jour; chez plusieurs cultivateurs, ils sont pansés deux fois.

Les arrondissements de Cambray et d'Avesnes offrent à peu près les mêmes méthodes. La nourriture ordinaire consiste en fèves, avoine, hivernage, warats, foin de trèfle et de prairies; l'hiver, on donne des carottes, mais cet usage est moins répandu que dans les autres arrondissements. Une grande partie des chevaux qu'on trouve ici est achetée en Belgique et élevée ensuite dans les fermes ; à Cambray, on les tient à l'écurie ou bien on les envoie sur les communaux ; dans l'arrondissement d'Avesnes, on les met à la pâture jusqu'à deux ans ou deux ans et demi, après quoi on les fait travailler légèrement. Les chevaux, dans ces deux arrondissements, labourent pendant neuf ou dix heures divisées en deux attelées principales.

Bœufs de travail.

Les bœufs, dans le département du Nord, ne sont employés aux travaux de la culture que chez les fabricants de sucre et chez un petit nombre de propriétaires ; tous les autres cultivateurs se servent exclusivement de chevaux.

M. Desgraviers, au Grand-Millebrugges, nourrit ses bœufs avec de la paille d'avoine et de la pulpe ; il leur fait faire trois repas par jour : le premier à quatre heures du matin, le second à onze heures, et le troisième à huit heures du soir : la pulpe forme la base de la nourriture.

L'introduction des bœufs, comme bêtes de travail, dans ses propriétés, a éprouvé les plus grands obstacles de la part des gens du pays. Les cartons se croyaient déshonorés en conduisant un attelage de bœufs : dans les premiers temps, si l'un d'eux, plus intelligent ou plus sensé, se décidait à adopter cette innovation, aussitôt tous ses camarades le tournaient en ridicule, et de guerre lasse, il était forcé d'abandonner la partie. Heureusement, M. Desgraviers ne s'est pas découragé ; à mesure que ses valets de charrue le quittaient (et ils le

quittaient bien souvent), il en prenait d'autres
auxquels il donnait par jour 10 c. de plus qu'à
ceux qui conduisaient les chevaux ; cette augmentation de paye ne réussissait néanmoins
qu'avec beaucoup de peine : à la fin, l'entête-
ment et les préjugés des ouvriers cédèrent à la
patience courageuse du maître ; aujourd'hui
personne ne fait plus de difficulté de labourer
avec des bœufs, et le prix de la journée est
rétabli pour tous sur l'ancien prix de 1 fr.
25 c.

Dans l'arrondissement de Lille, les bœufs
reçoivent, par jour, trois repas composés de
paille de blé ou d'avoine et de pulpe.

Dans le canton d'Arleux, plusieurs fabricants de sucre donnent, au printemps, à leurs
bœufs des pulpes et du trèfle vert ; depuis le
mois d'août jusqu'en octobre, on leur donne
des feuilles de betteraves et de la paille ; le
reste du temps, ils sont nourris avec de la
paille et des pulpes. On ne donne des feuilles
de betteraves que chez deux cultivateurs-fa-
bricants, tous les autres regardent l'enlèvement des feuilles comme nuisible aux racines.

M. le baron de Bouteville, à Hornaing, se
sert aussi des bœufs comme bêtes de travail,

ses vaches même vont à la charrue et font les charrois de la ferme ; mais il a soin de les ménager ; il les attelle au collier, parce que, suivant lui, elles sont ainsi plus libres et ont plus de pas. Cet habile cultivateur est d'avis qu'il ne faut plus compter sur le lait des vaches du moment qu'on met ces animaux à la charrue, quelque léger que soit le travail qu'on en exige.

MM. Fiévet, à Masny, ne donnent à leurs bœufs de travail que de la paille et de la pulpe, ceux-ci reçoivent environ 50 litres de pulpe ; ils font trois repas : le matin, à midi et le soir ; depuis septembre jusqu'à la fin d'octobre, on les envoie pâturer dans les regains.

Chez M. Desmoutiers, à Faumont, le travail est fait, moitié par les chevaux, moitié par les bœufs ; ces derniers font trois repas composés de pulpe et de paille ; matin et soir, ils vont à la pâture et se maintiennent de la sorte en parfaite santé : ils sont aussi toujours en chair lorsqu'on les met à l'engrais.

M. Baucq, au Faux-Viviers, donne, chaque jour, à ses bœufs de travail un tourteau d'œillette, 3 kil. 5 h. à 4 kilog. de foin, 60 litres de pulpe et de la paille à discrétion.

MM. Blanquet et Harpigny, à Famars, au

lieu de paille et de pulpe fraîche , préfèrent donner à leurs bœufs de l'hivernage haché et de la pulpe séchée à la torrelle et humectée ensuite d'un peu d'eau : ils trouvent que cette nourriture sèche expose moins les bœufs à se dévoyer, parce que la dessiccation enlève non-seulement l'eau de végétation qui se trouve dans la pulpe , mais encore les sels purgatifs qu'elle contient.

Tous les bœufs , soumis au travail de la charrue dans le département du Nord , vont aux champs depuis six heures du matin jusqu'à huit , ils se reposent une demi-heure et labourent ensuite jusqu'à onze heures ; à deux heures de l'après-midi , ils retournent à la charrue , labourent jusqu'à cinq heures , se reposent une demi-heure et finissent leur journée à huit heures. En général, les bœufs commencent à travailler à l'âge de trois ans.

BÊTES DE RENTE.

Vaches.

Quatre types distincts de ces animaux existent dans le département du Nord. Depuis Dunkerque jusqu'à Lille, on trouve exclusivement la race flamande pure, caractérisée par sa taille élevée, sa tête petite, sa charpente osseuse moyenne, l'abondance de son lait, sa facilité à prendre graisse, et sa couleur généralement rousse, à l'exception de sa tête presque toujours marquée de blanc. Depuis Lille jusqu'à Cambray inclusivement, on rencontre une race métisse, originaire de la race flamande, mais qui, ne se trouvant plus dans les mêmes conditions de prospérité, s'altère de plus en plus et perd la plus grande partie de ses traits distinctifs. Enfin, dans l'arrondissement d'Avesnes, la race flamande disparaît presque complétement pour faire place aux races normande et franc-comtoise, que l'on y fait venir chaque année pour les engraisser dans les pâtures.

Le mode d'entretien, d'élève et d'engraissement varie suivant les localités.

Arrondissement de Dunkerque.—S'il était nécessaire de prouver combien la qualité de la nourriture et l'époque de l'accouplement exercent d'influence sur les bestiaux, il suffirait de jeter un coup d'œil sur les vaches du canton de Gravelines pour se convaincre de cette vérité, que les caractères de la race la mieux conformée ne tardent pas à devenir mécon-

naissables lorsque les animaux sont transportés
de pays fertiles dans de maigres pâturages, et
que la reproduction s'effectue avant le temps
voulu par la nature. La race bovine des environs de Gravelines, soumise au double inconvénient d'un sol peu riche en herbe et
d'une parturition prématurée, n'est plus que
l'expression rabougrie de cette belle race flamande, qu'on trouve dans toute sa pureté au
delà de Dunkerque et dans le pays au bois de
cet arrondissement; néanmoins on ne saurait
reprocher aux cultivateurs de Gravelines un
système qui n'a été adopté que par nécessité,
et qui, après tout, est encore celui qui convient le mieux au pays. Plusieurs propriétaires, emportés par le goût des innovations,
essayèrent, il y a plusieurs années, de refaire
cette race, désignée dans le canton sous le nom
expressif de vaquettes de Gravelines, ils firent
venir des vaches de la Hollande et les firent
couvrir par les plus beaux taureaux du pays :
le succès, suivant eux, était indubitable : la
race chétive de Gravelines allait être régénérée ;
malheureusement ces messieurs avaient oublié
un point assez essentiel ; au lieu de choisir un
type approprié au pays, ils s'étaient attachés
aux animaux d'une taille et d'un volume ex-

traordinaires. Qu'arriva-t-il de là? C'est que ces bêtes, accoutumées à une nourriture abondante dont les résidus de distillerie formaient la base, ne se trouvant plus dans des conditions analogues chez leurs nouveaux propriétaires, dégénérèrent promptement et n'amenèrent que de tristes mécomptes. Bref, on en revint à la race du pays, petite, il est vrai, mais bien proportionnée, d'un bon tempérament, et, du reste, parfaitement en rapport avec les ressources bornées de la localité. Il ne suffit donc pas de vouloir améliorer, *à priori*, la race d'un pays; il faut d'abord se persuader que, lorsque les usages de la localité sont généralement suivis par de bons cultivateurs, ils peuvent avoir pour eux la sanction de l'expérience, et que les vieux préjugés reposent souvent sur une vérité fondamentale dont les conséquences sont mal interprétées; on doit surtout s'efforcer d'innover avec discernement, de peur que l'insuccès n'ajoute encore plus de force aux erreurs et aux abus qu'on voulait détruire.

A Gravelines, les vaches sont saillies à un an pour donner leur veau à la seconde année. Le taureau est employé à la reproduction vers quinze ou dix-huit mois; il sert de 60 à 80 vaches; quand on le fait saillir à un an, on ne lui donne que 30 ou 40 vaches. La nourriture ordinaire des vaches consiste en 2 kilog. et demi de foin et 10 kilog. de paille. Après le vêlage, les vaches restent pendant neuf jours à l'étable; on les prive de foin durant quelques jours, et on remplace ce fourrage par des eaux blanches. Plusieurs cultivateurs donnent des carottes aux vaches avant le vêlage; puis après, des farineux tels que des pois ou des fèves concassées. Les vaches font six repas : le premier à six heures du matin, le deuxième à huit heures, le troisième à onze heures, le quatrième à une heure, le cinquième à trois heures et le dernier à sept heures. Le veau ne tette pas sa mère; pendant les trois premiers jours qui suivent le part, on lui fait boire le lait de sa mère; ensuite on lui donne du son bouilli, du pain, de la farine et un peu de lait. Cette nourriture le conduit jusqu'à la saison des herbes; il s'élève alors naturellement dans les pâtures, et on l'y laisse jusque vers le milieu de l'automne. Les veaux destinés à l'engraissement sont nourris uniquement avec du lait; on y ajoute un œuf quand ils commencent à s'en lasser. L'engraissement dure six semaines ou deux mois.

Les vaches sont traites deux fois par jour : le matin à quatre heures, et le soir à cinq heures; elles donnent environ huit litres de lait par jour. Ce produit est conservé à la cave dans des vases en terre; la même méthode de conservation est usitée dans le reste du département. Les bonnes vaches laitières sont gardées jusqu'à douze ans; après ce temps, on les engraisse avec de la drèche, des fèves, des balles de blé; deux fois par jour, on leur donne des fèves qu'on a fait tremper préalablement dans de l'eau froide pendant vingt-quatre heures; au bout de six semaines, elles reçoivent des fèves sèches concassées, et, à partir de six semaines, on leur sert du foin à discrétion. L'engraissement dure ordinairement quatre mois, et l'on estime qu'après ce temps les bêtes bien conduites pèsent de 2 à 300 k.

Les vaches restent, nuit et jour, dans les pâtures depuis le mois de mai jusqu'en octobre.

M. Hamerelle aîné, à la Grande-Synthe, fait saillir ses vaches à deux ans pour avoir le veau à trois; son taureau sert 30 à 40 vaches : celles-ci reçoivent, chaque jour, une demi-botte de warats non battus, une botte de paille d'avoine, une botte de foin et une botte de paille de blé. Il est à remarquer qu'ici, dans des circonstances de localité à peu près analogues à celles de Gravelines, la race bovine se ressent évidemment des soins judicieux qu'on lui consacre : il y a plus de taille, et les bêtes, plus étoffées, donnent aussi plus de produits en lait et en beurre. Les veaux sont tenus à l'étable pendant les trois premiers mois qui suivent leur naissance.

M. Desgraviers, au Grand-Millebrugges, donne, par jour, 50 kilog. de pulpe et un peu de foin à ses vaches : celles-ci font trois repas par jour ; le premier à cinq heures du matin, le second à midi et le troisième à sept heures du soir. On se trouve très-bien de pratiquer une légère saignée aux vaches qui sont sur le point de vêler.

Dans le canton de Bergues, les vaches sont mises à la pâture, à compter du 15 avril jusqu'au mois de novembre ; on les y envoie toujours en nombre, parce qu'il est d'expérience qu'elles n'y resteraient pas si on les y renfermait toutes seules ; elles iraient rejoindre les autres vaches avec lesquelles elles sont accoutumées de vivre, ces dernières fussent-elles éloignées de deux lieues. On les trait deux fois par jour ; elles rendent de 25 à 30 litres de lait. Les bêtes, pesant 225 kilog. quand on les a achetées pour les mettre dans la pâture au mois d'avril, pèsent 300 kilog. environ à la fin de la campagne. L'hiver, les vaches reçoivent, comme nourriture d'entretien, de la paille de fèves, du foin et de la paille de blé, d'avoine et de sucrion qu'on a soin de mélanger : le matin, on leur donne de la paille de blé; à huit heures, la moitié d'une botte de foin; à midi, une demi-botte de sucrion et d'avoine; à quatre heures, une demi-botte de foin; et, le soir, de la paille de fèves.

On se trouve bien de saigner les vaches avant qu'elles ne vêlent. On a reconnu, depuis longues années, que le taureau d'un an donne un meilleur veau que celui de trois ou quatre ans; les produits de ce dernier avortent fréquemment.

Les vaches à l'engrais ne reçoivent, chaque jour, que très-peu de paille ou de foin, 4 kilog. environ, qu'on leur donne en deux fois, encore n'en mangent-elles pas le quart : leur nourriture principale consiste en 12 kilog. 5 hectog. de fèves concassées mêlés à 5 hectog. de tourteau réduit en poudre, le tout arrosé d'eau froide et préparé le matin pour la journée et le lendemain matin. Les bêtes à

l'engrais font trois repas par jour : le premier à
6 heures du matin, le second à midi, le troisième à 5 heures. La paille se donne immédiatement après chaque repas pour distraire
les vaches. On a soin de tenir les étables
chaudes et obscures. Une vache, pesant 225 kilog. lors de la mise à l'engrais, pèse, 6 mois
après, 325 kilog.

Dans les Moëres, les vaches donnent 12 à
15 litres de lait par jour.

Chez M. Vanden-Bavière, aux Petites-
Moëres, les veaux sont placés, l'hiver, dans
la cour, abrités sous un hangar qui s'appuie
derrière la grange ; on les nourrit avec des
courtes-pailles, des déchets de grains et on
leur fait boire de l'eau blanche préparée avec
de la farine de seigle et des tourteaux. On
trouve que le séjour à l'air, pendant l'hiver,
les rend plus robustes ; au printemps suivant,
on les envoie dans les pâtures.

Chez M. Coclin, distillateur près de Dunkerque, l'engraissement des bêtes bovines a
lieu de la manière suivante : on choisit de
préférence les bêtes qui ont de 3 à 4 ans ;
celles-ci font trois repas par jour : le premier,
à 4 heures du matin, consiste en fèves moulues mêlées à des tourteaux et à des résidus

de distillerie de grains dans lesquels il entre
deux tiers de seigle et un tiers de sucrion ; le
second repas a lieu entre onze heures et midi,
il se compose uniquement de drèche ; le dernier repas, de 3 à 4 heures, consiste en fèves
moulues et en tourteaux délayés avec des résidus de distillerie. La ration de chaque tête de
bétail est de 3 kilog. de fèves et 2 kilog. de
tourteaux ; on leur donne autant de résidus
qu'ils en peuvent boire : quelques animaux en
consomment jusqu'à un hectolitre par jour,
d'autres seulement 50 litres. Les résidus sont
servis à une température de 25 ou 30 degrés ;
plus le grain est moulu fin, plus il profite aux
bestiaux. L'engraissement commence en septembre ou octobre et finit en juin ; chaque
bête est environ 6 mois à prendre graisse.
M. Coclin estime qu'en moyenne l'animal
augmente de 150 kilog. pendant ce temps. A
l'époque de mon passage à Dunkerque (juin
1839), j'ai vu une vache de 5 ans qui pesait
425 kilog., chair nette, et devait fournir, au
dire de M. Coclin, environ 100 kilog. de suif;
elle n'avait eu qu'un seul veau. La nourriture
est la même pendant tout le temps de l'engraissement, les proportions seules varient:
on ne donne de la paille que pour distraire

les vaches ; elle leur sert principalement de litière ; on la renouvelle deux fois par jour. On étrille les vaches quand leur poil commence à tomber, c'est-à-dire quand elles s'engraissent bien ; on ne les saigne pas pendant le cours de l'engraissement, elles ne reçoivent jamais de sel. Autant que possible, on n'entre dans les étables que pour affourer et donner à manger. Les étables sont demi-obscures ; il y règne une chaleur d'environ 20 degrés.

Les bêtes grasses, sortant de l'établissement de M. Coclin, jouissent d'une grande estime auprès des bouchers de Dunkerque ; tous s'accordent à vanter la qualité de la viande : il est vrai de dire que M. Coclin n'épargne rien pour soutenir la réputation qu'il s'est acquise depuis longtemps dans cette branche importante de l'agriculture, à laquelle nos cultivateurs n'osent pas assez se livrer.

Dans l'arrondissement d'Hazebrouck, les vaches sont tirées du canton de Bergues, ou bien proviennent des élèves formés dans la localité même ; la nourriture d'hiver consiste en paille et en foin, en 30 kilog. de betteraves, 2 kilog. de fèves moulues, 1 kilog. de son délayé dans de l'eau froide et mélangé de balles de grain et 1 kilog. de tourteau de colza, qui, parfois, est remplacé par un tourteau de lin. On trouve que les tourteaux de colza exercent une influence favorable sur la formation du beurre; les tourteaux de lin, donnés pendant l'hiver, ont un effet opposé; mais, servis au printemps, dès que les premières chaleurs se font sentir, ils donnent plus de consistance au beurre et profitent encore aux vaches laitières mises à la pâture. Les vaches sont saillies à 18 mois ou 2 ans. Pendant les trois premiers jours de sa naissance, le veau boit le lait de sa mère; on lui donne ensuite du lait battu et un peu de pain; trois mois après, on le met à l'herbage. A cette époque, il continue de recevoir, pendant quelque temps, du lait battu, matin et soir; mais on mêle de l'eau dans cette boisson. Sa ration ne monte, dans les commencements, qu'à 4 ou 5 litres, elle s'élève ensuite jusqu'à 8 litres; passé ce temps, on abandonne le veau à lui-même. Les bêtes restent, nuit et jour, à la pâture pendant tout l'été.

Pour engraisser les veaux, on leur donne du lait à satiété; seulement beaucoup de cultivateurs mettent une pinte d'eau au fond du seau avant d'y verser le lait.

Les vaches à l'engrais reçoivent 20 kilog.

de pommes de terre coupées en tranches, 12 kilog. de betteraves, 6 kilog. de fèves concassées, 2 kilog. de tourteaux de lin et 2 kilog. de foin ; le tout est mélangé et servi sous forme de soupes, à l'exception du foin que l'on donne seul le soir. Les repas sont uniformes sous le rapport de la quantité ; les bêtes en font quatre : le premier à 5 heures du matin, le second à 10 heures, le troisième à 2 heures et demie, et le quatrième à 8 heures du soir : on ne donne de paille que pour distraire les vaches. Les vaches laitières donnent 18 à 20 litres de lait par jour.

Dans l'arrondissement de Lille, les vaches sont saillies à 18 mois, afin d'avoir plus tôt du lait ; mais on pense qu'il vaudrait mieux attendre jusqu'à deux ans, dans l'intérêt de la mère et de ses produits. L'été, les vaches sont mises à la pâture, depuis le mois de mai jusqu'à la fin d'octobre. Chez M. Weymel, à la Chapelle-les-Armentières, les vaches ne vont à la pâture que depuis 9 heures du matin jusqu'à 11 heures, et depuis 3 heures de l'aprèsmidi jusqu'à 5 heures ; le reste de la journée elles le passent à l'étable, et sont alors nourries avec du trèfle vert. L'hiver, les bêtes reçoivent 5 kilog. de foin, et, sous forme de soupes, 10 à 12 kilog. 5 hect. de betteraves, pommes de terre et carottes hachées, mêlés à 1 kilog. de tourteaux, à de la courte-paille, des choux et du foin ; on donne la paille de blé à discrétion, on leur sert, en outre, de la drèche trois fois par jour : cette dernière est mêlée aux autres aliments. Les vaches rendent environ 20 litres de lait par jour et 6 hectog. 25 gr. de beurre.

Les veaux à l'engrais ne reçoivent que du lait ; on leur en donne trois fois par jour, aussitôt après l'avoir trait.

Quelques cultivateurs sont dans l'usage de museler les veaux soumis à l'engraissement, afin qu'ils ne lèchent pas la muraille, ce qui les retarde beaucoup. L'engraissement dure de 6 semaines à 2 mois ; le veau pèse alors 75 kilog. Les veaux réservés comme élèves sont nourris ainsi qu'il suit : on leur donne le lait de leur mère pendant huit jours ; ils ont ensuite du lait battu jusqu'au moment où on les envoie à la pâture : là, ils continuent à recevoir, trois fois par jour, du lait battu (environ 9 litres) jusqu'en septembre ; pendant l'hiver, on les loge près des granges, sous un auvent, et on leur donne, dans un râtelier, environ trois litres de pommes de terre crues hachées avec des balles de blé et des déchets de grains; ils restent ainsi, nuit et jour, sous cette espèce de hangar, dont l'usage est fort répandu en Belgique; au printemps suivant, ils vont à la pâture comme les autres animaux.

Les vaches à l'engrais reçoivent, par jour, 6 kilog. de tourteaux de lin; ceux-ci passent pour rafraîchissants; on les donne en trois fois et on les fait tremper d'un repas à l'autre: elles ont, en outre, 3 litres de fèves cuites donnés en trois repas avec de la paille hachée, 1 litre de moulage de fèves trempées dans le tourteau, 1 kilog. et demi de pommes de terre cuites donné en trois fois, 1 litre de graines de lin donné également en trois fois, 9 litres de drèche sèche, 6 kil. de foin et de la paille pour s'amuser.

Arrondissement de Douay. — M. Ducouvent, à Wandignies, fait saillir ses vaches à deux ou trois ans; il les nourrit avec de la paille, du foin, et une boisson composée de seigle moulu, dans laquelle on mêle des pommes de terre cuites : la paille se donne après que les vaches ont bu.

Pour les veaux à l'engrais, on fait bouillir de la farine avec de l'eau et du lait, et on leur donne cette nourriture pendant quinze jours ou trois semaines; après ce temps, ils ne reçoivent plus que du lait pur : vers la fin de l'engraissement, on ajoute trois ou quatre œufs.

Lorsque l'on veut faire des élèves, quinze jours après la naissance du veau, on lui donne le lait écrémé et l'on continue cette nourriture pendant six ou huit mois : l'animal reçoit une demi-livre de tourteau de lin qu'on fait bouillir et qu'on délaye dans l'eau ; une fois accoutumé à ce régime, il le préfère au lait et au pain : on n'a plus alors qu'à attendre le printemps pour l'envoyer à la pâture.

Dans le canton d'Arleux, quelques fabricants de sucre donnent, chaque jour, trois repas de paille et de pulpe à leurs vaches ; depuis le mois d'août jusqu'à la fin de septembre, ils les nourrissent avec des feuilles de betteraves ; à partir du printemps, on leur donne des pulpes, du trèfle et de la luzerne coupés en vert. Chez les simples cultivateurs, les vaches sont nourries avec des choux, des carottes, des pommes de terre, du foin, de la paille et des tourteaux.

M. Broy, à Cuincy, ne fait sortir ses vaches qu'après la moisson pour pâturer les regains de trèfle et la troisième coupe de luzerne ; depuis le 15 mai jusqu'au 15 septembre, il les nourrit avec des fourrages verts et de la paille ; l'hiver, il leur donne de la paille de blé, d'orge ou d'avoine, des pommes de terre, des navets, des betteraves, des carottes coupées, des choux et des tourteaux de lin délayés dans de l'eau tiède.

MM. Fiévet, à Masny, donnent au veau, pendant les quinze premiers jours de sa naissance, le lait de sa mère, ensuite ils lui servent trois fois par jour, pendant un an, du lait écrémé et de la paille aussitôt qu'il peut en manger ; dès qu'il a atteint l'âge d'un an, on le nourrit avec des pulpes, de la paille et des balles de grains. Les vaches pâturent souvent les regains de trèfle et de luzerne dans les mois de septembre et d'octobre.

Les bœufs à l'engrais font trois repas principaux : le premier, à cinq ou six heures, consiste en 3 litres de moulage de seigle délayé dans de l'eau, 6 ou 7 litres de pommes de terre cuites et 1 kil. de tourteau ; à midi, ils reçoivent une botte de foin de 6 kilog., 1 tourteau et de l'eau blanche pour boisson ; le troisième repas est le même que celui du matin ; le soir, on leur donne des fèves ou de la paille ; entre les repas du midi et du soir, les bœufs ont de la pulpe : on leur en donne 12 litres à chaque affourée; lorsqu'ils s'en lassent, on suspend la distribution de la pulpe pendant un jour, ils s'y remettent ensuite volontiers.

M. Desmoutiers, à Faumont, engraisse ainsi ses bœufs : il les envoie à la pâture depuis quatre heures du matin jusqu'à sept heures ; pendant ce temps, on fait leur litière, et, à leur rentrée à l'étable, ils trouvent préparé leur premier repas consistant en moulage de seigle, de fèves et d'avoine et en paille ; à midi, ils reçoivent de la pulpe, 2 tourteaux de lin et du foin; le soir, on leur donne de la drêche, 2 tourteaux de lin et de la paille. Leur ration de chaque jour est évaluée à 25 litres de pulpe, 15 litres de drêche, 5 ou 6 litres de moulage et 6 kilog. de foin. On saigne le bœuf de temps en temps, lorsqu'il perd de son appétit et qu'il paraît lourd ; mais, en règle générale, M. Desmoutiers blâme la saignée.

L'engraissement a lieu, contrairement aux principes admis par le plus grand nombre des cultivateurs, depuis mai jusqu'à la fin de juillet, mais M. Desmoutiers est forcé de se guider d'après les travaux de sa fabrique de sucre ; du reste, le prix élevé de la viande à cette époque compense les inconvénients d'un engraissement entrepris pendant les chaleurs de l'été.

Dans plusieurs localités de l'arrondissement de Valenciennes et de Cambray, les vaches sont nourries, pendant l'été, avec du trèfle vert et de la paille d'avoine : l'hiver, on leur donne des navets, des pommes de terre, des choux, du regain et de la paille de blé ; chaque bête reçoit, en outre, 1 kilog. de tourteau de colza et du moulage de seigle, d'avoine et de fèves concassées, en guise de boisson. Le veau à l'engrais est nourri uniquement avec du lait ; l'engraissement dure près de trois mois ; au bout de ce temps, le veau pèse 40 kilog.

Les fabricants de sucre nourrissent leurs vaches avec des pulpes et de la paille de blé et d'avoine.

Dans la plus grande partie de l'arrondissement d'Avesnes, les bœufs et les vaches de rente sont mis à la pâture; celles-ci depuis le 15 avril jusqu'en octobre, ceux-là jusqu'au 15 novembre; ils y restent nuit et jour. On trouve ici que les bêtes tirées de la Franche-Comté et de la Normandie s'engraissent mieux que celles venues de la Belgique : ces dernières, accoutumées à un régime exclusif de soupes composées de choux, de carottes, de navets et de pommes de terre, se mettent difficilement au pâturage ; les bêtes de cinq à huit ans sont préférées aux bêtes plus jeunes.

Dans les exploitations où l'on n'a point de pâture, les vaches ne sont nourries, en général, qu'avec de la paille d'avoine et un peu de trèfle : elles rendent de 6 à 8 litres de lait par jour.

Moutons.

Le département du Nord ne peut être considéré comme un pays d'éléves, relativement aux bêtes à laine ; celles qu'on y tient viennent presque toutes des départements de l'Oise, du Pas-de-Calais et de la Belgique : la plupart sont destinées à l'engraissement. Trois races principales dominent dans ce département : ce sont la race flamande concentrée dans les arrondissements de Dunkerque et d'Haze-brouck ; la race artésienne répandue surtout dans les communes limitrophes du Pas-de-Calais; et la race mérine, la moins nombreuse de toutes, et qu'on ne rencontre que chez quelques propriétaires.

Indépendamment de ces trois types essentiels, il existe encore plusieurs troupeaux de métis provenant, tantôt du croisement de la race picarde avec la race flamande, tantôt des bêtes de l'Artois avec des mérinos, et des picards avec ces derniers ; ces croisements jusqu'ici n'ont produit aucune race remarquable.

Le mode de nourriture et d'engraissement varie.

Près de Gravelines, c'est à la race picarde qu'on donne la préférence ; on achète les moutons à quatre ou six ans, dans le mois de novembre ou de décembre, et on les garde jusqu'au mois de novembre suivant ; ils commencent à parquer vers la Saint-Jean. Pendant la belle saison, on les envoie dans les pâtures et sur les prés salés ; on les nourrit aussi de trèfle et de minette : lorsqu'on les vend, ils sont bien en chair et pèsent de 22 à 25 kilog.

M. Hamerelle aîné, à la Grande-Synthe, n'achète que des moutons de trois à quatre ans, pris aux environs de Montdidier (Somme); il commence par leur faire parcourir les dunes et les relais de mer, où se trouvent des prés salés, afin qu'ils s'accoutument au climat et qu'ils puissent prendre de la chair; l'hiver, il les nourrit avec des fèves et de la paille; vers la mi-mars, les moutons sont envoyés dans les dunes et les prés salés ;

l'engraissement commence lorsque les bêtes reviennent du pâturage pour rester définitivement à l'étable jusqu'au moment où elles seront vendues. En pleine nourriture, on donne une botte de warats pour cinq moutons ; la distribution se fait ainsi qu'il suit : le matin, des warats ; à midi, de la paille de pois battus ; le soir, de la paille de blé ou d'escourgeon : en plein engraissement, on leur donne des grains. Ces moutons sont principalement renommés pour la finesse de leur chair, qualité qu'ils doivent aux prés salés.

M. Desgraviers, au Grand-Millebrugges, engraisse ses moutons avec des pulpes et du foin ; les bouchers préfèrent ces moutons à tous autres, parce que, suivant eux, ils se tuent mieux, c'est-à-dire qu'ils rendent beaucoup plus de suif : l'engraissement dure de 3 à 4 mois.

M. Vanden-Bavière, aux Petites-Moëres, n'a que des moutons flamands ; il trouve que cette race, éminemment rustique et parfaitement appropriée au sol humide des Moëres, ne vaut pas la race artésienne ou picarde, qui s'engraisse plus vite et donne aussi plus de suif : leur nourriture ordinaire consiste, l'hiver, en paille de sucrion, de blé et en paille de fèves non battues. Trois bottes de fèves, pesant 4 kilog., suffisent pour trois moutons : on les leur donne en deux fois, le matin et le soir. Entre chaque repas, ils ont de la paille de blé ou de sucrion ; ils mangent mal la paille d'avoine. L'été, les moutons vont pâturer, tant bien que mal, le long des routes. Lorsque M. Vanden-Bavière veut engraisser ses moutons flamands, ce qu'il ne fait que par petits lots, il donne alors à chacun un litre et demi de fèves, un demi-litre de tourteau et un peu de pommes de terre crues pour éteindre le feu de cette nourriture sèche ; les bêtes ont de l'eau froide pour boisson. Les moutons flamands, qui pesaient 20 à 25 kilog. au commencement de l'engraissement, pèsent 40 kilog. à la fin de l'engrais.

M. Mayeux, à Capelle, près Dunkerque, achète ses moutons mérinos dans le département de l'Oise ; il les préfère aux flamands, parce qu'ils réussissent mieux chez lui et qu'ils s'engraissent plus vite ; il les nourrit d'abord avec de la pulpe mélangée de tourteaux de lin et de paille de fève, de blé ou de sucrion ; dans le cours de l'engraissement, il donne une botte de paille, pesant 6 kilog., pour 10 bêtes, 2 fois des pulpes par jour, et 1 kilog. de tourteau de lin pour 3 moutons. Suivant lui, la pulpe fait périr les agneaux et les antenais ; mais les moutons faits la mangent impunément.

L'engraissement dure de 3 à 4 mois ; on retire 4 kil. 5 hect. à 5 kilog. de laine en raie.

Le mode d'engraissement, dans l'arrondissement d'Hazebrouck, n'offre rien de particulier ; il se rapproche beaucoup de celui adopté par M. Vanden-Bavière. La plupart des bêtes à laine appartiennent à la race flamande.

Dans l'arrondissement de Lille, un grand nombre de cultivateurs croisent les bêtes flamandes avec celles du pays ; il en résulte une race métisse moins volumineuse, mais qui consomme moins et s'engraisse mieux. L'été, les bêtes vont au parcours et se nourrissent de l'herbe prise le long des chemins. Lorsqu'il fait mauvais temps, on leur donne, le soir, une affourée de paille de fèves battues. Quelques cultivateurs parquent, mais la plupart ne peuvent le faire à cause du sol. Chez M. Weymel, le troupeau rentre tous les soirs à la bergerie ; en général, il cesse de sortir vers la fin d'octobre et ne quitte plus la bergerie jusqu'au printemps, que lorsqu'il fait beau. La tonte a lieu dans les premiers jours de juin : chaque bête donne de 4 kilog. 5 hect. de laine. La monte s'effectue en septembre pour avoir les agneaux vers la fin de janvier ou le commencement de février. Les brebis reçoivent des tourteaux le matin pendant le temps de l'allaitement. On sépare les agneaux de leur mère à 1 mois ou 6 semaines; on leur donne alors, dans les premiers jours, une gerbée de fèves non battues, ainsi que de la paille; les brebis n'ont ni betteraves ni pommes de terre.

Les moutons à l'engrais sont nourris ainsi qu'il suit : le matin, on leur donne deux gerbées de fèves non battues et des tourteaux secs de lin ou de colza; à 11 heures, même nourriture, à 2 heures des tourteaux, et, le soir, deux javelles de fèves; l'engraissement dure trois mois, et les moutons pèsent alors de 40 à 45 kilog.; on les engraisse à 4 ans.

Chez M. Dumarquet, à Esquerchin (arrondissement de Douay), le troupeau est d'origine artésienne; les bêtes font quatre repas par jour. Comme nourriture d'entretien, les bêtes reçoivent, le matin, à 6 heures, de la paille de blé, qu'on préfère à celle de sucrion et surtout à la paille d'avoine; à midi, elles ont des balles de lin mélangées avec des pulpes de betteraves; à trois heures de l'après-midi, on leur donne de la paille d'escourgeon, et, le soir, de la paille de fèves non battues. Trente bêtes consomment par jour 50 kilog. de paille et 30 kilog. de fèves. La tonte a lieu en juin ; l'on obtient 4 kilog. de laine en raie. La monte s'effectue en septembre. Dès que les brebis ont agnelé, ont leur donne de la paille de blé ou d'escourgeon, mais pas de balles de lin, une botte de fèves et de la pulpe, et l'on augmente graduellement la nourriture à mesure que les agneaux grandissent. Quand les mères vont aux champs, on donne environ trois quarterons d'avoine en gerbes à chaque agneau ; quinze jours après, ils reçoivent une gerbe de plus et ne tettent plus que deux fois par jour; quelque temps après, on leur donne un tourteau d'œillette pour 5 ; à trois mois, on ne les laisse plus teter leur mère qu'une fois par jour, puis une fois tous les trois ou quatre jours ; enfin on les met à la nourriture verte et ils font, chaque jour, un repas de luzerne, de trèfle ou de sainfoin. Les troupeaux parquent depuis le mois de juin jusqu'à la fin d'octobre.

Les moutons à l'engrais sont choisis à quatre ans ; ils font cinq repas par jour : le premier consiste en paille de blé gerbé ; le deuxième, en tourteaux de lin , de colza ou d'œillette (5 hect. par jour). Dans les commencements de l'engrais, pour ne pas dégoûter les bêtes , on ne leur donne, pendant huit jours, qu'un quart de tourteau ; 4 ou 5 jours après ce temps, 3 hect. 75 gr., et, au bout d'un mois, un demi-kilog. Quand on se sert de tourteaux d'œillette, on peut donner un tourteau entier dès le quinzième jour ; si les moutons en laissent, on suspend la distribution des tourteaux pendant un jour , et l'on se garde bien de forcer sur cette nourriture , car on retarderait l'animal d'un mois. Le troisième repas se compose de balles de lin et de pulpe ; le quatrième consiste en grains d'escourgeon , et le cinquième , en paille de fèves non battues. Les bêtes à l'engrais sont vendues aux trois quarts de l'engraissement , vers la fin de janvier ou les premiers jours de février ; elles pèsent depuis 27 kil. 5 hect. jusqu'à 35 kilog. Quelquefois, dans les commencements de la nourriture, on jette un peu de sel dans la boisson; si l'année est pluvieuse , on donne de l'eau ferrugineuse aux animaux.

Les moutons de cette localité , indépendamment du piétain , de la pourriture auxquels ils sont exposés, ainsi que ceux des autres arrondissements, sont sujets à une maladie connue sous le nom de *mauvais nez*; c'est une espèce de gale pustuleuse qui attaque particulièrement le nez de l'animal et le fait dépérir si on ne le soigne pas. M. Dumarquet guérit cette affection avec une recette composée d'une once d'arsenic et une once de sublimé corrosif, une once de vert-de-gris et un quart de soufre mélangé dans une pinte d'huile de lin; lorsque l'infusion compte 4 ou 5 jours de date, on crève la plaie, on la découvre jusqu'au sang, et on la frotte avec l'onguent préparé; peu de jours suffisent pour débarrasser l'animal de sa maladie.

MM. Fiévet, à Masny, engraissent des moutons artésiens croisés avec des flamands; ils leur donnent, le matin, de la pulpe seule; à 4 heures, des fèves en grains, des tourteaux et de la paille de blé; à 3 heures, de la pulpe qu'on remplace quelquefois par des fèves, afin que les moutons la mangent avec plus d'avidité le lendemain matin; le soir, ils ont de la paille. Après deux mois d'engraissement, les moutons pèsent environ 27 kil. 5 hect.; on les choisit de l'âge de 4 ans : ils sont tondus en décembre, trois semaines avant la fin de l'engrais ; on trouve que cette opération diminue leur transpiration et, par suite, double leur appétit. Lorsque les moutons vont au parc, MM. Fiévet leur font porter des pulpes dans des crèches mobiles qu'on attache aux claies ; on leur sert aussi de cette manière les fourrages verts.

M. Desmoutiers, à Faumont, n'engraisse que des moutons belges âgés de quatre ans : au mois d'octobre, il commence par leur faire manger des feuilles de betteraves et du regain pris sur place dans les prés ; le troupeau rentre à la bergerie en novembre. Le matin, les bêtes reçoivent de la pulpe mêlée à des tourteaux de lin en poudre ; à midi, on leur donne de la pulpe mélangée avec du moulage de fèves ; le soir, elles ont de la pulpe et de la paille : quand les tourteaux de lin sont chers, on donne deux fois des fèves *et vice versâ*. Chaque mouton consomme 3 litres de pulpe à chaque repas, un demi-litre de fèves broyées et une demi-livre de tourteau ; dans les derniers jours de l'engraissement, on donne un tiers de tourteau, puis un demi-tourteau dans la dernière semaine. La boisson n'est que de l'eau pure. L'engraissement dure trois mois ; mais, lorsque l'herbe a été abondante en au-

tomne, et que, par suite, les moutons se trouvent déjà en chair, au moment de l'engrais,
il suffit de six semaines et même d'un mois,
pour les amener à un poids de 30 kilogrammes, terme ordinaire de l'engraissement chez
M. Desmoutiers.

Dans l'arrondissement de Valenciennes, un
grand nombre de cultivateurs achètent des
moutons de Liége et du Brabant, à l'âge de
deux ou trois ans, pour les mettre à l'engrais.
Ceux-ci commencent par pâturer les regains;
une fois rentrés à la bergerie, on leur donne,
le matin, de la paille de blé ou de sucrion; à
dix heures, un demi-tourteau de colza ou
d'œillette; à deux heures, de la paille; le soir,
de la paille de fèves qui contient environ un
demi-litre de grains ; sur la fin de l'engraissement, on donne un peu moins de paille et
l'on porte la ration de tourteau de lin à 3/4
de kilog. et celle des fèves à 3/4 de litre. L'engraissement dure trois mois; les moutons pèsent 27 kilog. 1/2, on les tond trois semaines
avant la vente, afin d'exciter davantage leur
appétit.

Les fabricants de sucre de cet arrondissement engraissent leurs moutons avec des pulpes, de la paille de fèves non battues et des

tourteaux de lin , de colza ou d'œillette : il y a toujours deux repas de pulpe par jour.

Dans l'arrondissement de Cambray , on trouve plusieurs troupeaux de mérinos. Les bêtes sont nourries avec des regains de pré , de la paille de blé ou d'avoine et des gerbées de fèves non battues. Lorsque les mères nourrissent , on ajoute une ration de tourteaux à leur provende ordinaire. Les agneaux sont sevrés à six semaines ou deux mois ; après ce temps, on leur donne tantôt de la paille d'avoine ou des gerbées de fèves non battues, quelquefois aussi un peu de tourteau.

Le régime d'alimentation , dans l'arrondissement d'Avesnes , diffère peu de celui de Cambray. Les troupeaux sont tirés, en général , de la Belgique; dans plusieurs localités , on les nourrit sur les communaux pendant l'été ; l'hiver , ils reçoivent de la paille d'avoine, de blé et un peu de fèves.

Porcs.

Quatre races principales de porcs dominent dans le département du Nord : la race flamande pure, la race flamande croisée avec les races anglaise et normande , et enfin la race anglaise pure : cette dernière ne se rencontre que par exception. En général, on donne la préférence à la race flamande croisée avec les porcs anglais ; les individus qui en proviennent s'engraissent plus vite ; cependant plusieurs cultivateurs se trouvent fort bien du croisement des porcs flamands avec la race normande : leurs produits, bien qu'inférieurs aux premiers pour la facilité à prendre graisse, conservent plus de taille et sont plus recherchés sur les marchés.

Dans le canton de Gravelines, la truie est couverte à six, huit et douze mois. Le verrat commence à saillir à l'âge d'un an : au dire des cultivateurs, il pourrait servir pendant trois ou quatre ans ; mais, en général, on le châtre, à la seconde année, pour l'engraisser. La truie est nourrie avec des farineux et des pommes de terre ; ces dernières, cependant, sont données avec ménagement dans les commencements du part. Les portées sont communément de huit petits. Ceux-ci tettent pendant deux mois ; ils sortent avec la mère, au bout de trois semaines ; on les coupe à un mois et demi : une fois sevrés, ils sont nourris avec du laitage, des pommes de terre, un peu de son et quelques grains de seigle. Trois semaines après leur naissance jusqu'au moment de l'engraissement, les cochons vont pâturer en troupeaux dans les jeunes trèfles; on regardé l'exercice comme très-favorable au développement de l'animal qui prend alors de la taille. L'engraissement a lieu à l'âge de dix-huit mois ou deux ans, et, de préférence, pendant l'hiver ou le printemps. Le cochon, une fois à l'engrais, ne sort plus; il reçoit des pommes de terre cuites, des fèves, du sucrion et du lait battu; après trois mois de ce régime, il pèse de 125 à 150 kilog.

A Bergues, où l'on tient presque exclusivement la race flamande pure, le mode d'entretien, d'élève et d'engraissement n'est pas tout à fait le même : le verrat est employé à huit ou dix mois, mais il ne sert que pendant une campagne. La truie reçoit le mâle à huit ou dix mois et donne de six à huit petits; cette proportion est regardée comme la meilleure; lorsque les portées sont plus considérables, les individus restent toujours chétifs. Ceux-ci tettent jusqu'à deux mois et demi; pendant ce temps, la mère est nourrie avec du lait battu, du moulage de fèves et d'avoine et des pommes de terre cuites. A deux mois et demi, les cochonnets sont châtrés et mis aussitôt à l'air libre, mais on a bien soin de ne pas les laisser couchés longtemps sur le tas de fumier ou dans les étables, de peur que la plaie ne vienne à s'enflammer, et, tant que la blessure n'est pas parfaitement cicatrisée, on les fait marcher de temps en temps dans la cour ou dans les pâtures. Ils ont la même nourriture que la mère. Les truies ne portent ordinairement que pendant deux ans, on les châtre après la seconde portée : contre l'opinion généralement reçue ailleurs, la première portée est regardée comme la meilleure. Pendant tout le temps de leur croissance, les cochons vaguent, nuit et jour, dans la cour jusqu'au moment où on les met à l'engrais. A cette époque, ils sont renfermés et reçoivent trois fois par jour une soupe composée de lait et de fèves moulues mêlées à des pommes de terre cuites. L'engraissement dure de trois à quatre mois. La bête soumise à ce régime pèse, à la fin de l'engraissement, de 150 à 175 kilog.; quelquefois, mais rarement, elle atteint 200 kilogrammes.

La race flamande pure se perd dans l'arrondissement d'Hazebrouck, presque tous les porcs de cette localité proviennent de croisements avec les races anglaise et normande; ils font trois repas par jour, composés de petit-lait et de pommes de terre cuites dans lesquelles on jette des fèves qui se gonflent par la chaleur et subissent une demi-coction : le lait leur est donné séparément, en guise de boisson, et toujours mélangé d'eau et de moulage de fèves. La truie, pendant l'allaitement, reçoit surtout du petit-lait, mais jamais de fèves; elle est saillie à neuf mois, porte deux fois, jamais trois, et le plus souvent une seule fois. Les petits sont sevrés et châtrés à trois semaines; vingt-quatre heures après avoir subi l'opération, on les fait promener, ils sont ensuite abandonnés à eux-mêmes. L'hiver, ils vaguent dans la cour, et, l'été, dans les pâturages : en tout temps, ils rentrent, chaque soir, dans leurs loges.

Les races sont très-mélangées dans l'arrondissement de Lille.

M. Weymel, à la Chapelle-les-Armentières, tire ses porcs de la Belgique et les croise avec les races boulonnaise et flamande; chez lui, la truie ne porte qu'une fois, elle reçoit le mâle à neuf ou dix mois : pendant les quinze premiers jours du part, on lui donne du lait battu et du son; ensuite sa nourriture se compose de fèves, de son, de moulage de fèves, de lait battu et de pommes de terre cuites. On ne donne jamais les pommes de terre crues, parce qu'elles dévoient les animaux. Les jeunes cochons sont châtrés à six semaines; ils restent à l'étable pendant les trois ou quatre jours qui suivent cette opération, ensuite ils vaguent dans les cours.

Les bêtes à l'engrais reçoivent des fèves cuites, du moulage de seigle, du lait battu et des pommes de terre; elles font trois repas : le premier à six heures du matin, le second à midi et le troisième à six heures du soir. Les bêtes sont mises à l'engrais à l'âge de vingt mois; l'engraissement dure trois ou quatre mois, à la fin desquels l'animal pèse de 200 à 250 kilog.

Chez les fabricants de sucre des arrondissements de Valenciennes et de Cambray, les porcs à l'engrais sont nourris avec des pommes de terre, du petit-lait et du moulage de seigle et d'orge; le reste du temps, ils vivent des déchets de betteraves.

Dans l'arrondissement d'Avesnes, on donne aux porcs des issues de cuisine, du petit-lait, des pommes de terre cuites et des fèves auxquelles on ajoute, au temps de l'engraissement, un peu de moulage de seigle, d'orge et d'avoine.

FABRICATION DU FROMAGE.

On fabrique trois sortes de fromages dans le département du Nord : le fromage de Bergues, le fromage de Mons-en-Pévèle et le fromage de Maroilles, improprement désigné sous le nom de Marolles.

Fromage de Bergues. — On prend trois seaux de lait écrémé, qu'on verse dans un seau de lait nouvellement trait, ce qui fait, réuni, environ 40 litres de lait. On en fait chauffer le tiers ; lorsqu'il est bien chaud, on le verse dans la cuve qui contient les deux autres tiers, de manière que la température du mélange soit un peu moins élevée que celle du lait qui sort du pis de la vache ; on y met alors un peu de présure préparée à l'avance avec 3 pintes d'eau fraîche saturée de sel et contenant un morceau de caillette de veau. Le lait se prend en caillé ; on le laisse reposer pendant une heure ou une heure et demie. Après ce temps, on presse fortement le caillé pour en faire sortir le petit-lait qu'il contient ; on recueille sur une assiette tous les morceaux qui se sont détachés, et on les enveloppe avec le reste du fromage dans une toile, pour mettre le tout dans une forme en bois percée de petits trous et sur le couvercle de laquelle on place un poids. Le fromage reste ainsi sept ou huit heures dans cette forme; au bout de ce temps, on le transvase dans une forme un peu plus large et moins haute, que l'on dépose à la cave, où le fromage doit rester six à sept jours : chaque jour, on le retourne le matin et on le frotte de sel sur toutes ses faces. Ce temps écoulé, on retire le fromage de la forme et on le met sur une planche dans la cave, qui doit être hermétiquement fermée; il achève de s'y faire, et l'on n'a plus d'autre soin à lui donner que de le retourner une fois tous les jours. On attend un mois ou deux avant de le manger. Chaque fromage pèse 5 à 5 kilog. et demi, et se vend de 8 à 12 francs.

Les principales communes où l'on fabrique le fromage de Bergues sont celles de Coudekerque, de Teteghem, de Crochte, de Cappelle-Broucq, de Bergues, de Bourbourg, de Pitgam, de Steene et de Dringham.

Fromage de Mons-en-Pévèle.— On prend environ 6 litres de lait sortant du pis de la vache pour la fabrication d'un fromage ordinaire; on y ajoute gros comme une noisette de présure et on le place dans un lieu chaud pour le faire prendre plus vite. Au bout de quelques heures, le caillé est formé ; on le renferme dans une boîte en bois, appelée *éclisse,* dont le fond est en osier, afin que le petit-lait puisse s'échapper à travers cette espèce de claie : on a soin de le retourner de temps en temps. Le fromage reste ainsi pendant quelques jours ; on procède alors à la salaison en frottant le fromage des deux côtés avec environ un huitième de litre de sel. La manière de l'affiner est celle-ci : on met le fromage à la cave, et on le lave avec de la bière ; cette opération se répète à quelques jours d'intervalle, lorsque le fromage est trop sec ou qu'il présente des taches de moisissure. Le fromage prend alors une teinte jaune-nankin ; quelques mois après, on le livre à la consommation.

La fabrication de ce fromage a lieu pendant les mois de septembre et d'octobre ; sa renommée tient aux herbages de première qualité qui entourent la commune de Mons-en-Pévèle.

Fromage de Maroilles. — Le fromage de Maroilles se fabrique de la manière suivante : aussitôt que le lait vient d'être trait, on y mêle de la présure ; il se caille, et, quand il a passé cinq ou six heures en cet état, on le place dans des formes en osier appelées *équinous*, de 54 millim. carrés, dans lesquelles le petit-lait se sépare du fromage. Lorsque celui-ci est bien égoutté, on le met sur des planches, afin qu'il se ressuie : c'est alors qu'on le sale en le frottant avec un demi-litre de sel pour 144 fromages pesant chacun 375 grammes. Cette opération terminée, on le pose de champ, sur des claies couvertes de paille, pour le faire sécher ; il y reste environ quatre à cinq se-maines, et tous les quinze jours on le re-tourne : ces diverses façons se pratiquent dans l'intérieur de la laiterie. Lorsque les fromages sont bien secs, on les lave avec une brosse, afin d'enlever la moisissure, et ensuite on les des-cend à la cave, où ils sont étendus sur des paillassons ; ils y restent jusqu'au moment de la vente. Pendant que les fromages se font à la cave, on a soin de les retourner et de les laver de temps en temps ; plusieurs cultiva-teurs les arrosent avec de la bière, pour leur donner plus de mine.

Les fromages de Maroilles se distinguent en fromages du commerce, présentant l'aspect de petits pains ou briquettes quadrangulaires, et en fromages gras appelés *dauphins*. Ces derniers, d'une qualité supérieure, sont moulés en croissant; ils sont généralement plus forts en poids que les fromages ordinaires, et, toute proportion gardée, leur prix vaut le double ou même le triple de celui des autres fromages. On fabrique une quantité considérable de fromages de Maroilles à Avesnes; cette industrie est une des richesses de ce canton.

FORÊTS.

Les principales forêts du département du Nord sont la forêt de Nieppe, dans l'arrondissement d'Hazebrouck; celle de Phalempin, dans l'arrondissement de Lille; la forêt de Marchiennes, dans l'arrondissement de Douay, et la forêt de Mormal, dans l'arrondissement d'Avesnes.

La forêt de Nieppe contient 2,500 hectares; située dans une position très-basse et sur un sol argileux où les eaux n'ont pas d'écoulement, elle souffre de l'humidité. Les principales essences qui la composent sont le charme, qui en occupe les neuf dixièmes, le tremble, l'aune et le frêne. L'aménagement est à trente ans; on réserve de 100 à 120 baliveaux par hectare. La commune de Morbecque, seule, a le droit de parcours dans cette forêt; elle envoie 50 bêtes à cornes dans les taillis de quatorze ans.

La forêt de Phalempin se trouve divisée en quatre ou cinq lots qui, réunis, forment 900 hectares; les aménagements sont de dix, douze et quinze ans. Le sol est partie argileux, partie sablonneux; ses principales essences sont le chêne, les bois blancs et le charme; ce dernier y domine. On réserve de 100 à 150 baliveaux par hectare. La forêt est entièrement libre du droit de pâture.

La forêt de Marchiennes contient de 7 à 800 hectares; elle est plantée de charmes, de bois blancs et de chêne; ce dernier domine dans les futaies, et il occupe les parties maigres : les parties grasses sont affectées aux bois blancs. Les aménagements sont de dix, douze, quatorze et seize ans. Plusieurs communes ont le droit d'envoyer des troupeaux de bêtes à cornes et quelques chevaux dans les taillis de sept ans; mais M. Thierry, inspecteur, vient de prendre récemment des mesures pour qu'on ne puisse plus en mettre que dans les taillis de dix ans. Les communes qui jouissent du droit de pâture dans cette forêt sont tenues d'apporter, chaque année, deux mètres de pierres par tête de bétail, pour l'entretien des routes de la forêt.

La forêt de Mormal contient 10,000 hectares; le sol en est généralement argileux. Les espèces qui la composent sont le hêtre, le bouleau, le tremble, le charme et le chêne; ce dernier domine. On l'exploite jusqu'ici en gaulis de quarante à cinquante ans; mais elle va être convertie prochainement en futaie. Les arbres de cette forêt sont tellement beaux, que les Belges viennent les acheter, quoique leurs prix soient très-élevés; ils les scient dans toute leur longueur pour en faire des fonds de bateaux.

La forêt de Mormal n'est grevée d'aucune servitude.

—

INDUSTRIES AGRICOLES.

Les principales industries agricoles du département du Nord sont la fabrication de la bière, les distilleries de grains, la fabrication du sucre de betterave, les huileries et la fabrication de la chicorée; mais, à l'exception de la fabrication du sucre indigène, sur laquelle il existe de nombreux traités spéciaux, et qui se trouve presque toujours jointe à une exploitation rurale, les autres industries ne se rattachent à l'art agricole que par les matières premières qu'elles lui empruntent ; aussi nous abstiendrons-nous d'en parler dans ce Mémoire, qui a pour but exclusif la description de l'agriculture du département du Nord.

FIN.

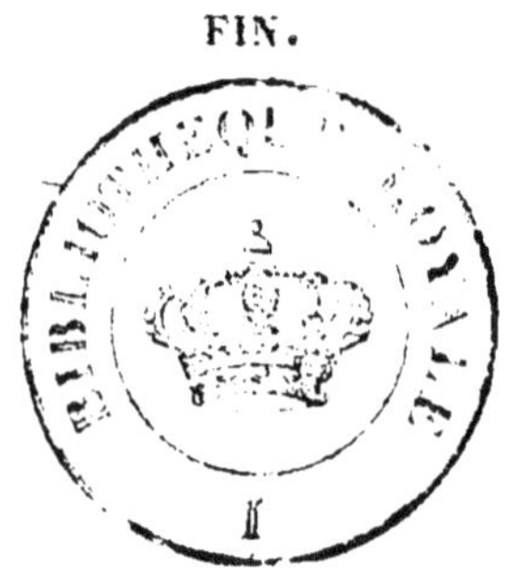

TABLE DES MATIÈRES.

	Pages.
Situation géographique du département. . .	4
Sol.	2
Climat et température.	12
Routes et cours d'eau.	14
Importance relative des industries agricole et commerciale du département.	18
Population, constitution physique et morale des habitants.	20
État de la propriété.	23
Baux.	27
Composition des exploitations rurales. . .	32
Constructions rurales.	40
Usages nuisibles à l'agriculture. . . .	42
Des cultivateurs et de la population ouvrière.	49
Instruments aratoires.	58
Desséchements.	64
Des engrais.	70
Des amendements.	100
Assolements.	115
Culture des plantes.	145
Céréales.	146
Légumes.	187
Plantes oléagineuses.	201
Plantes textiles.	216

	Pages.
Culture du houblon.	235
Culture du tabac.	250
Culture de la chicorée.	256
Récoltes-racines.	259
Plantes fourragères.	279
Des pâtures.	594
Des prairies.	303
Du bétail.	308
Fabrication du fromage.	357
Forêts.	361
Industries agricoles.	363

FIN DE LA TABLE.